Les cahiers d'**exercices** ASSIMIL

Portugais

Débutants

Lisa Valente Pires

À propos de ce cahier

Vous souhaitez débuter l'apprentissage du portugais ou renforcer vos acquis ? Vous aimez apprendre de façon concrète et pratique tout en vous amusant ? Alors, ce cahier est fait pour vous !

Cet ouvrage vous permettra d'acquérir les bases de la langue portugaise avec une méthode progressive et structurée. Il se divise en dix-huit chapitres thématiques qui vous aideront à développer diverses compétences langagières (compréhension, expression, etc.) et des savoir-faire essentiels pour vous exprimer simplement et communiquer en portugais (équivalents des niveaux A1-A2 du CECRL).

Chaque chapitre se compose de leçons, de banques de mots et d'exercices. Les leçons vous donnent des explications claires et efficaces sur la phonétique, la grammaire, la conjugaison ou sur des savoir-faire (se présenter, poser des questions, décrire, raconter, etc.). Les banques de mots sont à votre disposition afin que vous puissiez enrichir votre vocabulaire au fur et à mesure. Enfin, avec plus de deux cents exercices, ludiques et variés, vous mettrez en pratique toutes ces connaissances et les assimilerez d'autant mieux !

Finalement, ce cahier vous permettra d'effectuer votre autoévaluation : après chaque exercice, consultez les solutions puis dessinez l'expression de vos icônes (☺ pour une majorité de bonnes réponses, 😐 pour environ la moitié et ☹ pour moins de la moitié). À la fin de chaque chapitre, reportez le nombre d'icônes relatives à tous les exercices et, en fin d'ouvrage, faites les comptes en reportant les icônes des fins de chapitre dans le tableau général prévu à cet effet.

Bom trabalho! Bon travail !

Sommaire

1. Alphabet, accentuation et signes 3	12. Exprimer un horaire et parler de son quotidien 71
2. Prononciation 8	13. Exprimer des goûts et des opinions 81
3. Former ses premières phrases 16	14. Le présent du subjonctif 87
4. Se présenter et présenter quelqu'un 21	15. L'impératif : donner des ordres et des conseils 94
5. Les accords en genre et en nombre 26	16. Décrire et parler d'habitudes au passé : l'imparfait et les adverbes 100
6. Se saluer et exprimer un état, une humeur 33	17. Exprimer des événements passés avec le prétérit 106
7. Indiquer la possession, décrire et comparer 38	18. Faire une demande, un achat 115
8. Localiser et dire ce que l'on est en train de faire 46	Solutions 122
9. Les nombres et la date 53	Tableau d'autoévaluation 128
10. Le présent de l'indicatif 57	
11. Vouvoyer et donner des indications 63	

Alphabet, accentuation et signes

L'alphabet

Vous découvrirez ci-dessous les vingt-six lettres de l'alphabet portugais. Mémorisez leur prononciation grâce à la transcription phonétique « à la française » !

a	[a]	g	[gué]	m	[**è**me]	s	[**è**sse]	y	[**í**psilon]
b	[bé]	h	[ä**ga**]	n	[**è**ne]	t	[té]	z	[zé]
c	[cé]	i	[i]	o	[**ò**]	u	[ou]		
d	[dé]	j	[**jò**tä]	p	[pé]	v	[vé]		
e	[è]	k	[**ka**pä]	q	[ké]	w	[**dä**bliou]		
f	[**è**fe]	l	[**è**le]	r	[**è**Re]	x	[chich]		

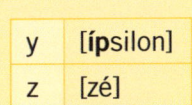

On retrouve les lettres **k**, **w**, **y** dans les noms étrangers et leurs dérivés, mais aussi dans certaines abréviations, certains symboles ou sigles : **webcam**, **yoga**, **darwinismo**, *darwinisme*, **km** (symbole de **quilómetro**, *kilomètre*).

❶ Entourez la bonne prononciation des lettres suivantes.

j	[ji]	[**jò**tä]	[**Rò**tä]	x	[iks]	[zé]	[chich]
u	[ou]	[u]	[o]	h	[**ka**pä]	[ä**ga**]	[ach]
g	[ré]	[jé]	[gué]	q	[ké]	[kou]	[ke]

❷ Écrivez le mot épelé.

a. [té] [a] [chich] [i] ....

b. [ké] [ou] [i] [**è**ne] [zé] [è] ....

c. [**jò**tä] [ou] [**è**le] [ä**ga**] [**ò**] ....

d. [vé] [i] [a] [gué] [è] [**è**me] ....

e. [pé] [**è**le] [a] [**í**psilon] [bé] [a] [cé] [**ka**pä] ....

f. [**dä**bliou] [è] [bé] ....

CHAPITRE 1 : ALPHABET, ACCENTUATION ET SIGNES

3 Épelez les mots suivants.

a. Portugal ....
b. zebra, *zèbre* ....
c. hoje, *aujourd'hui* ....
d. léxico, *lexique* ....
e. carro, *voiture* ....
f. fruta, *fruit* ....
g. darwinismo ....

L'accent tonique

La **syllabe tonique** est celle que l'on prononce avec le plus d'intensité. En portugais, l'accent tonique se place généralement sur l'**avant-dernière** syllabe, mais il peut aussi se trouver sur la **dernière** ou l'**antépénultième**. Même s'il existe des règles, c'est en pratiquant le portugais à l'oral que vous saurez naturellement où le placer. Entraînez-vous avec les exemples suivants : prononcez la syllabe tonique (en bleu) avec plus d'intensité sonore.

- L'accent tonique se place sur l'**avant-dernière** syllabe dans les mots qui se terminent par **a(s)**, **e(s)**, **o(s)**, **am**, **em** ou **ens**.
  ca**rro**, *voiture*   inteli**gen**tes, *intelligent(e)s*
  ca**sa**, *maison*   vi**a**gem, *voyage*
  e**les** fa**lam**, *ils parlent* vi**a**gens, *voyages*

- L'accent tonique se place sur la **dernière** syllabe dans les mots terminés par une **consonne** autre que celles du premier cas, par les voyelles **i** et **u** (suivies ou non d'une consonne), par la voyelle nasale **ã(s)** ou par une **diphtongue** (suivie ou non de **s**).
  ani**mal**, *animal*   fa**lar**, *parler*
  ani**mais**, *animaux*   ir**mã** [ir**min**], *sœur*
  bam**bu**, *bambou*   televi**são**, *télévision*

- Les mots qui font **exception** à ces règles et ceux qui sont accentués sur l'**antépénultième** syllabe porteront un **accent écrit**.
  agra**dá**vel, *agréable*   lu**só**fonos, *lusophones*
  fran**cês**, *français*   **úl**timo, *dernier*

CHAPITRE 1 : ALPHABET, ACCENTUATION ET SIGNES

4 Complétez les définitions suivantes en ajoutant « plus » ou « moins ».

a. La syllabe tonique d'un mot est celle que l'on prononce avec .... d'intensité.

b. La syllabe atone d'un mot est celle que l'on prononce avec .... d'intensité.

5 Observez le découpage syllabique des mots suivants et entourez la syllabe tonique.

a. Maria — Ma•ri•a
b. alegrias, *joies* — a•le•gri•as
c. Moçambique, *Mozambique* — Mo•çam•bi•que
d. reportagem, *reportage* — re•por•ta•gem
e. azul, *bleu* — a•zul
f. jardim, *jardin* — jar•dim
g. amanhã, *demain* — a•ma•nhã
h. lusófono, *lusophone* — lu•só•fo•no

6 Séparez les syllabes des mots suivants et surlignez la syllabe tonique.

a. magia, *magie* → ....
b. talvez, *peut-être* → ....
c. javali, *sanglier* → ....
d. português → ....
e. televisão → ....
f. viagens → ....
g. falar → ....

7 Classez les mots suivants selon qu'ils portent l'accent tonique sur la dernière, l'avant-dernière ou l'antépénultième syllabe.

inteligente   bambu   sofá   família   casas   Portugal   último   viagem   irmã   carro

antépénultième syllabe	avant-dernière syllabe	dernière syllabe

CHAPITRE 1 : ALPHABET, ACCENTUATION ET SIGNES

8 Les syllabes toniques de deux mots ne sont pas correctement placées : de quels mots s'agit-il ?

eles falam   cabeça   animal   agradável   França

➔ .... et ....

Accents et signes

acento agudo	accent aigu (´)	cê-cedilha	c cédille (ç)
acento circunflexo	accent circonflexe (^)	hífen	trait d'union (-)
acento grave	accent grave (`)	til	tilde (~)

9 Les indications sur les mots suivants sont-elles vraies ou fausses ?

Ex. **francês**, *français* ➔ **acento circunflexo no /e/** (accent circonflexe sur le /e/) ➔ VRAI

	VRAI	FAUX
a. família, *famille* ➔ acento agudo no /i/	☐	☐
b. televisão ➔ til no /a/	☐	☐
c. português, *portugais* ➔ til no /e/	☐	☐
d. sofá, *sofa* ➔ acento grave no /a/	☐	☐
e. não, *non* ➔ til no /o/	☐	☐
f. cabeça, *tête* ➔ cê-cedilha	☐	☐
g. último, *dernier* ➔ acento circunflexo no /u/	☐	☐

10 Quels sont les noms des accents et des signes en jaune ?

Ex. **segunda-feira**, *lundi* ➔ hífen

a. cão, *chien* ➔ ....

b. farmácia, *pharmacie* ➔ ....

c. guarda-chuva, *parapluie* ➔ ....

d. França, *France* ➔ ....

e. francês, *français* ➔ ....

f. Nós vamos à praia, *Nous allons à la plage* ➔ ....

CHAPITRE 1 : ALPHABET, ACCENTUATION ET SIGNES

Les signes diacritiques et la prononciation

Les signes diacritiques donnent des indications quant à la prononciation des mots. En effet, en portugais, l'accent aigu (´) ouvre la voyelle tandis que l'accent circonflexe (^) la ferme. L'accent grave (`) ouvre également la voyelle, mais on l'utilise uniquement pour indiquer la contraction de la préposition **a** avec l'article défini **a(s)** ou avec le démonstratif **aquele** et ses dérivés : **à**, *à la*, **àquela**, *à cette* (voir chapitre 11). Enfin, le tilde (~) marque la nasalisation.

11 Comment faut-il prononcer les voyelles des mots suivants ? Sélectionnez la bonne prononciation.

a. caf**é**, *café*   [käf**é**]   [käf**è**]
b. av**ô**, *grand-père*   [äv**o**]   [äv**ò**]

12 Ajoutez l'accent graphique quand cela est nécessaire.

a. Maria
b. familia
c. irma
d. informaçao
e. frances
f. casas
g. lusofonos
h. talvez
i. alegria
j. agradavel
k. ultimo
l. viagens

Signes et ponctuation

arroba	arobase (@)
barra	slash (/)
dois pontos	deux-points (:)
ponto	point (.)
traço	tiret (-)
traço inferior / underscore	tiret bas (_)

13 Écrivez ces adresses informatiques comme il faut les prononcer.

a. http://fr.assimil.com

....

b. lisa.vp@assimil.pt

....

c. www.exercicios-português_assimil.fr

....

....

Bravo, vous êtes venu à bout du chapitre 1 ! Il est maintenant temps de comptabiliser les icônes et de reporter le résultat en page 128 pour l'évaluation finale.

2 Prononciation

La prononciation du portugais

Le monde lusophone compte une belle diversité d'accents qui n'empêche pas ses habitants de bien se comprendre et communiquer. Nous nous concentrerons sur la prononciation d'un portugais standard, tel qu'il est parlé à Lisbonne. Le portugais possède une large palette de sons : une même lettre peut se prononcer de différentes manières. Pas de panique cependant : la phonétique s'appréhende au fil du temps et de la pratique orale ! N'hésitez donc pas à découvrir ce chapitre au fur et à mesure et à y revenir pour vous entraîner !

La prononciation des voyelles

Pour commencer, nous allons nous intéresser à la prononciation des voyelles. Dans la transcription phonétique, nous indiquerons la syllabe tonique en gras.

Graphie	Son	Équivalents en français	Exemples
a	[a] [ä]	**a** ouvert comme en français : *la* **a** fermé, proche du [œu] de *œuf*	**casa** [k**a**zä], *maison*
e	[é] [è] [e] [i]	**e** fermé comme dans *dé* **e** ouvert comme dans *fève* **e** muet comme dans *petite*	**Pedro** [p**é**drou] **José** [jouz**è**] **cidade** [sid**a**de], *ville* **e** [i], *et* ; **exato** [iz**a**tou], *exact*
i	[i]	comme le **i** français	**livro** [l**i**vrou], *livre*
o	[o] [ò] [ou]	**o** fermé de *mot* **o** ouvert de *bol* [ou] de *tout*	**avô** [äv**o**], *grand-père* **avó** [äv**ò**], *grand-mère* **livro** [l**i**vrou], *livre*
u	[ou]		**tu** [tou], *tu*

En général, quand le **a** se trouve dans la syllabe tonique, il est ouvert : **cidade** [sid**a**de]. Et, quand il est atone, on le ferme : **cabeça** [käb**é**ssä].

CHAPITRE 2 : PRONONCIATION

1 Pour chaque mot, indiquez si la voyelle **a** en **couleur** est ouverte [a] ou fermée [ä].

		[a]	[ä]
a.	zebr**a**		
b.	sof**á**		
c.	cid**a**de		
d.	c**a**sa		
e.	c**a**beç**a**		
f.	agrad**á**vel		
g.	f**a**mília		

2 Comment faut-il prononcer le **e** en **couleur** : [é], [è], [e], ou [i] ?

		[é]	[è]	[e]	[i]
a.	caf**é**				
b.	**e**xato				
c.	cab**e**ça				
d.	Jos**é**				
e.	franc**ê**s				
f.	**e**				
g.	t**e**lefon**e**, *téléphone*				
h.	**é**, *c'est*				
i.	m**e**sa, *table*				

3 Comment faut-il prononcer les voyelles en **couleur** : [o], [ò] ou bien [ou] ?

		[o]	[ò]	[ou]
a.	h**o**je			
b.	exat**o**			
c.	**ú**ltimo			
d.	av**ó**			
e.	av**ô**			
f.	lus**ó**fono			
g.	t**u**do, *tout*			

CHAPITRE 2 : PRONONCIATION

4 Trois mots n'ont pas été correctement transcrits phonétiquement ; lesquels ?

a. cidade [sida**dé**] d. livro [**l**ivro]
b. zebra [**zé**brä]   e. agradável [agra**da**veL]
c. sofá [sou**fa**]

→ ....
→ ....
→ ....

5 Les voyelles en couleur sont-elles **ouvertes** ou **fermées** ?

	O	F
a. carro	O	F
b. hoje	O	F
c. café	O	F
d. mesa	O	F
e. avô	O	F
f. francês	O	F
g. fotógrafo, *photographe*	O	F

Consonnes et groupes de consonnes

Nous allons à présent nous attacher à la prononciation de certaines consonnes en indiquant leurs particularités et leurs diverses réalisations :

- En fin de syllabe, le **l** se prononcera [L] avec l'arrière de la langue comme dans l'anglais **we**l**l** : **Brasil** [bräzi**L**], *Brésil*.
- **lh** [lly] est proche de *lièvre* ou de *million* : **milho** [mi**l**lyou], *maïs*.
- **nh** correspond au [gn] français : **linha** [lignä], *ligne*.
- Le **r** [r] est légèrement roulé. En revanche, le double **rr** et le **r** en début de syllabe se prononcent [R], comme le **r** français : **raro** [**R**arou], *rare* ; **carro** [ka**R**ou], *voiture*.
- Le **s** peut se prononcer [s], [z] ou peut être chuintant : **sete** [**s**ète], *sept* ; **rosa** [Rò**z**ä], *rose* ; **esperar** [**ch**perar], *attendre/espérer*, **bonitos** [bounitou**ch**], *jolis*.
- Le **x** peut se dire [ks], [ch], [z] ou [s] : **táxi** [ta**ks**si], *taxi* ; **luxo** [lou**ch**ou], *luxe* ; **exemplo** [i**z**em'plou], *exemple* ; **próximo** [prò**s**simou], *prochain*.
- Le **z** peut se prononcer [z] ou [j] : **zero** [**z**èrou], *zéro* ; **paz** [pa**j**], *paix*.

NB : Attention au groupe **ch** et à la consonne **j** : ils se prononcent comme en français et pas comme en espagnol !

Astuce : Pour vous entraîner, prononcez plusieurs fois les exemples à voix haute !

CHAPITRE 2 : PRONONCIATION

6 Entourez la prononciation qui convient.

		A	B	C
1.	Jorge	[jor**jé**]	[**Ròr**je]	[**jòr**je]
2.	montanha, *montagne*	[mon**tä**nä]	[mon**tä**gnä]	[mon**tall**yä]
3.	caixa, *boîte*	[**kay**chä]	[**kay**ssä]	[**kay**zä]
4.	táxi	[**ta**chi]	[**ta**kssi]	[**ta**zi]
5.	zebra	[**sé**brä]	[**zé**brä]	[**zé**vra]
6.	esperar	[chp**e**rar]	[èssp**é**rar]	[chp**é**rar]
7.	filho, *fils*	[**fi**lou]	[**fi**gnou]	[**fi**llyou]
8.	arroz, *riz*	[ä**roj**]	[ä**Roj**]	[ä**Roch**]
9.	chuva, *pluie*	[**chou**vä]	[**tchou**vä]	[**cho**vä]
10.	Portugal	[pourtou**gal**]	[porto**gaL**]	[pourtou**gaL**]
11.	livro	[**Li**vrou]	[**li**vrou]	[**li**vro]

7 Indiquez si le r doit se prononcer [r] ou [R].

	a. caro, *cher*	**b.** carro, *voiture*	**c.** rato, *rat*	**d.** falar, *parler*	**e.** correto, *correct*
[r]					
[R]					

8 Comment faut-il prononcer le s : [s], [z] ou bien [ch] ?

		[s]	[z]	[ch]
a.	ca**s**a			
b.	bonito**s**			
c.	france**s**a, *française*			
d.	fe**s**ta			
e.	**s**apato, *chaussure*			
f.	ro**s**a			

CHAPITRE 2 : PRONONCIATION

9 En fonction de la prononciation, devinez de quel mot il s'agit.

a. [pourtou**guéch**] → ....

b. [**lou**chou] → ....

c. [gä**R**afä] → ....

d. [brä**ziL**] → ....

e. [ch**pä**gnä] → ....

10 Regroupez les paires de mots où le x se prononce de la même manière.

léxico   próximo   exato   caixa   luxo   táxi

exercício, *exercice*   máximo, *maximum*

Les diphtongues orales

Il faut bien prononcer les deux voyelles de la diphtongue : **ai** [ay], **ei** [èy], **oi** [oy], **ui** [ouy], **au** [aou], **eu** [éou], **iu** [iou].

Quelques exemples avec une équivalence en français :

Graphie	Son	Équivalents en français	Exemples
ai	[ay]	comme dans *pa<u>ille</u>*	**pai** [pay], *père*
ei	[èy]	proche du [èy] de *cons<u>eil</u>*	**sei** [sèy], *je sais*
ui	[ouy]	proche du [ouy] de *fo<u>uille</u>*	**fui** [fouy], *je suis allé(e)*

Attention à ouvrir davantage la première voyelle si la diphtongue porte un accent graphique :
• **o seu** [ou s**é**ou], *son* ≠ **céu** [s**è**ou], *ciel*
• **oito** [**o**ytou], *huit* ≠ **dói** [d**ò**y], *ça fait mal*

Notons aussi que le groupe **ou** se prononcera simplement [o] (et pas [ou] comme c'est le cas en français) : **pouco** [**po**kou], *peu*.

CHAPITRE 2 : PRONONCIATION

11 Comment se prononcent les diphtongues en couleur ?

[**ay**]   [**ouy**]   [**èou**]   [**oy**]   [**aou**]   [**éou**]   [**èy**]   [**iou**]   [**o**]

a. a**u**la, *cours*
b. c**éu**
c. m**ai**s, *plus*
d. f**ui**
e. m**eu**, *mon*
f. ela part**iu**, *elle est partie*
g. **oi**to
h. d**ou**, *je donne*
i. p**ai**
j. eu s**ei**, *je sais*

12 Devinez l'orthographe des mots suivants à partir de leur prononciation.

a. [m**ay**ch] → .... (*plus*)
b. [l**oy**rou] → .... (*blond*)
c. [s**ay**ä] → .... (*jupe*)
d. [p**o**kou] → .... (*peu*)
e. [ä**zouych**] → .... (*bleus*)

Les sons nasals

Graphie	Son	Équivalents en français	Exemples
ã, an, am	[in]	comme dans *lin*	irmã [irmin], *sœur* anjo [injou], *ange* samba [sinbä], *samba*
am (final)	[an]	proche du [an] de *tant*	cantam [kintan], *ils chantent*
ãe/em, ens (final)	[aⁱᵐ]	proche du [ain] de *bain* prononcé dans le Midi : prononcez d'abord [ain] puis [y]	bem [baⁱᵐ], *bien* mãe [maⁱᵐ], *mère*
ão	[ãou]	prononcez [in] suivi de [ou]	não [nãou], *non*
en, em	[én'] [ém']	sorte de [é] nasalisé	contente [kontén'te], *content(e)* tempo [tém'pou], *temps*
in, im	[iⁿ]	sorte de i nasalisé : prononcez [i] avec le nez pour obtenir [iⁿ]	cinco [siⁿkou] ; sim [siⁿ], *oui*

CHAPITRE 2 : PRONONCIATION

Les sons nasals (suite)

Graphie	Son	Équivalents en français	Exemples
on, om	[on]	comme dans *on*	**con**tra [kon trä], *contre* ; **bom** [bon], *bon*
õe	[oï^n]	proche de l'onomatopée *boing* : prononcez [on] puis [y]	**televisõe**s [televizoï^{m}ch], *télévisions*
un, um	[ou^n]	sorte de [ou] nasalisé	**mu**ndo [mou^{n}dou], *monde* ; **um** [ou^n], *un*

13 Regroupez les mots dont les lettres en couleur se prononcent de manière identique.

c**in**co mu**n**do televis**ão** jard**im** a**n**jo m**ãe** n**ão**
tamb**ém**, *aussi* álb**um**, *album* alem**ã**, *allemande*

a. [in] : ....

b. [aï^n] : ....

c. [ãou] : ....

d. [i^n] : ....

e. [ou^n] : ....

14 Associez les prononciations aux mots adéquats.

a. [**chay**le] •   • 1. viu, *il a vu* : ....
b. [ami**ngnin**] •   • 2. xaile, *châle* : ....
c. [saï^n] •   • 3. sem, *sans* : ....
d. [viou] •   • 4. irmão, *frère* : ....
e. [ir**mãou**] •   • 5. amanhã, *demain* : ....
f. [sèy] •   • 6. sei, *je sais* : ....

15 Écrivez les mots suivants à partir de leur prononciation.

a. [i^{n}fourmä**ssoï^{m}ch**] → ....

b. [**in**jou] → .... **d.** [järdi^n] → ....

c. [kãou] → .... **e.** [via**jaï^n**] → ....

CHAPITRE 2 : PRONONCIATION

16 Certaines lettres des mots suivants ont disparu ; retrouvez-les !

a. amanh.........   c. t............po   e. m............do

b. jard.........   d. c............tente   f. s............ba

La liaison

Comme en français, en portugais il faut faire la liaison lorsqu'un mot se termine par **s** et que le suivant commence par une voyelle : **as árvores** [äz'arvourech], *les arbres*.

17 Lisez ces phrases et marquez la liaison avec une flèche.

a. Os animais são inteligentes. *Les animaux sont intelligents.*

b. Mas é incrível! *Mais c'est incroyable !*

c. As folhas são verdes e amarelas. *Les feuilles sont vertes et jaunes.*

Bravo, vous êtes venu à bout du chapitre 2 ! Il est maintenant temps de comptabiliser les icônes et de reporter le résultat en page 128 pour l'évaluation finale.

Former ses premières phrases

Les articles

- **Les articles définis :**
  o, *le, l'*
  a, *la, l'*
  os, as, *les*

En portugais, *les* a deux formes : masculine et féminine.

À noter : On utilise l'article défini :
- devant les prénoms : **O Felipe é português**, *Felipe est portugais* ;
  A Márcia é portuguesa, *Marcia est portugaise* ;
- devant les noms de pays (**o Brasil**, **a França**, **os Estados Unidos**...) malgré quelques exceptions (Portugal, Angola, Cabo Verde, Moçambique, etc.) ;
- devant certains noms de villes : **o Porto**, **o Rio de Janeiro**.

- **Les articles indéfinis :**
  um, *un*
  uma, *une*

Pour dire *des*, on ne met pas d'article : **casas**, *des maisons*. Les formes plurielles **uns** et **umas** existent, mais elles ont plutôt le sens de *quelques*.

1 Complétez avec les articles définis adéquats (*o, a, os, as*).

a. .... casas, *les maisons*

b. .... homem, *l'homme*

c. .... meninos, *les garçons*

d. .... livro, *le livre*

e. .... mulher, *la femme*

f. .... Pedro

g. .... cidade, *la ville*

h. .... professor, *le professeur*

i. .... Maria

j. .... castelos, *les châteaux*

k. .... meninas, *les filles*

l. .... professora, *la professeure*

CHAPITRE 3 : FORMER SES PREMIÈRES PHRASES

 Complétez avec les articles indéfinis adéquats (*um*, *uma* ou ø).

a. .... casa
b. .... homem
c. .... restaurante
d. .... livros
e. .... mulher
f. .... meninos
g. .... cidades
h. .... professor
i. .... menina
j. .... castelo
k. .... apartamentos
l. .... amigas, *des amies*

Les pronoms personnels sujets

je	eu	[éou]
tu	tu	[tou]
il, elle, vous (de vouvoiement)	ele, ela, você	[éle], [èlä], [vòssé]
nous	nós	[nòch]
vous*	vós*	[vòch]
ils, elles, vous (collectif)	eles, elas, vocês	[élech], [èläch], [vòsséch]

En portugais, on omet généralement le pronom personnel sujet car la forme verbale nous renseigne déjà sur la personne : **(Eu) falo português**, *Je parle portugais*. On l'utilisera plutôt pour insister ou pour éviter toute ambiguïté.

*La deuxième personne du pluriel, **vós**, est rarement utilisée, c'est pourquoi nous ne l'indiquerons pas dans les conjugaisons et ne l'utiliserons pas dans les exercices. Pour exprimer le *vous*, on préfère employer la troisième personne du singulier **você** (*vous* de vouvoiement) et la troisième personne du pluriel **vocês** (*vous* collectif).

 Remplacez les expressions suivantes par le pronom personnel qui convient.

Ex. o livro → ele

a. a casa → ....
b. eu e o Pedro → ....
c. os professores → ....
d. as jornalistas → ....
e. o Miguel → ....
f. tu e a Maria → ....

CHAPITRE 3 : FORMER SES PREMIÈRES PHRASES

Le présent de l'indicatif

Au présent de l'indicatif, les verbes du premier groupe (verbes en **ar**) prennent les terminaisons suivantes :

falar, *parler*	
eu	**fal**o [falou]
tu	**fal**as
ele/ela/você	**fal**a
nós	**fal**amos
eles/elas/vocês	**fal**am

Le verbe **ser** (*être*) est, quant à lui, irrégulier :

ser, *être*	
eu	**sou** [so]
tu	**és**
ele/ela/você	**é**
nós	**somos**
eles/elas/vocês	**são**

<u>À noter</u> : **É** peut avoir le sens de : *il/elle est, vous êtes* (vouvoiement), *c'est.*

4 Complétez les phrases suivants avec le pronom personnel qui convient.

Ele   Nós   Vocês   Tu   Elas   Eu

a. .... falas francês?
b. .... são portuguesas.
c. .... sou belga.
d. .... falamos inglês.
e. .... é espanhol.
f. .... falam italiano?

Banque de mots

comprar	*acheter*
estudar	*étudier*
interessar-se	*s'intéresser*
morar	*habiter*
trabalhar	*travailler*
sim	*oui*
não	*non*

CHAPITRE 3 : FORMER SES PREMIÈRES PHRASES

5 Ajoutez les terminaisons correctes.

a. Vocês mor............ em Paris?

b. Tu estud............ economia?

c. Nós trabalh............ em Madrid.

d. Eles compr............ bananas.

e. Eu interess............-me por línguas.

f. Você fal............ português?

6 Le verbe *ser* est-il bien conjugué ? Dites si les phrases sont correctes et corrigez l'erreur si nécessaire.

		✓	✗
a.	Eu so jornalista.		
b.	Tu és inglês.		
c.	Ela e professora.		
d.	Vocês sois brasileiros?		
e.	Nós somos franceses.		

Structurer ses phrases

- La syntaxe portugaise est très semblable à celle du français :
  O português é uma língua suave e muito poética.
  Le portugais est une langue douce et très poétique.
- Contrairement au français, en portugais il n'est pas nécessaire d'inverser le sujet lorsqu'on pose une question, c'est l'intonation qui l'indique :
  Falas português? *Parles-tu portugais ?*
  Você trabalha em Lisboa? *Travaillez-vous à Lisbonne ?*
- Pour former une phrase négative, il suffit d'ajouter **não** devant le verbe :
  Ele é português. → **Ele não é português.** *Il est portugais.* → *Il n'est pas portugais.*
- **Não** peut donc signifier *non* ou *ne … pas* :
  Não, não falo espanhol. *Non, je ne parle pas espagnol.*

7 Remettez les mots dans l'ordre afin de former des phrases.

a. simpática / a / é / Sara

b. moramos / Brasília / em / nós

c. elas / inglês / não / falam

d. és / francesa / tu / ?

e. de / capital / é / Lisboa / Portugal / a

f. espanhol / fala / você / ?

g. falo / sim / português

h. italianos / não / são / eles / não

CHAPITRE 3 : FORMER SES PREMIÈRES PHRASES

8 Mettez les phrases suivantes à la forme négative.

a. Falo inglês. → ....

b. Moramos no Rio de Janeiro. → ....

c. Elas são italianas. → ....

La contraction des prépositions *de* et *em* (à, dans, en, sur) avec les articles

de + o = do (de + le = du)	de + a = da (de la)	de + os / as = dos, das (des)
em + o = no (au, dans le, sur le, en)	em + a = na (à la, dans la…)	em + os / as = nos, nas (aux, dans les…)
em + um = num (dans un, sur un)	em + uma = numa (dans une, sur une)	

9 Complétez les phrases suivantes avec *de, do, da, dos, das*.

a. Eles são .... Brasil. *Ils sont du Brésil.*

b. Eu sou .... Lisboa. *Je suis de Lisbonne.*

c. O professor .... Maria é angolano. *Le professeur de Maria est angolais.*

d. São Miguel é uma .... 9 (nove) ilhas .... Açores.
São Miguel est une des 9 îles des Açores.

10 Complétez avec *em, no, na, nos, nas*.

a. Moramos .... rua Augusta. *Nous habitons dans la rue Augusta.*

b. Trabalho .... Chicago, ... Estados Unidos. *Je travaille à Chicago, aux États-Unis.*

c. Você mora .... Porto? *Vous habitez à Porto ?*

d. Elas moram .... Paris. *Elles habitent à Paris.*

e. A Clara estuda .... bibliotecas universitárias. *Clara étudie dans les bibliothèques universitaires.*

Bravo, vous êtes venu à bout du chapitre 3 ! Il est maintenant temps de comptabiliser les icônes et de reporter le résultat en page 128 pour l'évaluation finale.

4
Se présenter et présenter quelqu'un

Se présenter

Chamo-me... [**chä**mou me], *Je m'appelle...*
Moro em... [**mò**rou aĩⁿ], *J'habite à...*
Sou... [so], *Je suis...*
Tenho... anos [**tè**gnou... änouch], *J'ai ... ans*

1 Présentez-vous en vous aidant de l'encadré ci-dessus (nom, âge, lieu de vie, nationalité).

....
....
....
....
....

Identité et nationalités

apelido	nom de famille
data / local de nascimento	date/lieu de naissance
idade	âge
morada	adresse
nome	prénom
casado/a	marié(e)
marido	mari
mulher	femme
namorado/a	petit(e) ami(e)
solteiro/a	célibataire

profissão / profissões	métier/métiers
enfermeiro/a	infirmier/infirmière
estudante	étudiant(e)
a minha nacionalidade	ma nationalité
a tua nacionalidade	ta nationalité
a sua nacionalidade	sa/votre nationalité
argelino/a	algérien(ne)
alemão / alemã	allemand(e)

CHAPITRE 4 : SE PRÉSENTER ET PRÉSENTER QUELQU'UN

angolano/a	angolais(e)	italiano/a	italien(ne)
belga	belge	japonês / japonesa	japonais(e)
brasileiro/a	brésilien(ne)	moçambicano/a	mozambicain(e)
cabo-verdiano/a	cap-verdien(ne)	português / portuguesa	portugais(e)
espanhol / espanhola	espagnol(e)	suíço/a	suisse
francês / francesa	français(e)	timorense	timorais(e)
inglês / inglesa	anglais(e)		

Présent de l'indicatif : ter, avoir

Attention, **ter** est un verbe irrégulier !

	ter *(avoir)*
eu	tenho
tu	tens
ele/ela/você	tem
nós	temos
eles/elas/vocês	têm

2 Complétez avec les formes de *ter* au présent de l'indicatif.

a. Os estudantes .... aula de português.

b. Tu .... irmãos?

c. A minha mulher .... 36 anos.

d. Nós .... amigas espanholas.

Les pronoms interrogatifs

como	comment
de onde	d'où
onde	où
o quê	quoi
o que	que, qu'est-ce que
porque, porquê	pourquoi
quando	quand
quanto(s)/quanta(s)	combien
que (+ nom), qual/quais (+ verbe)	quel(s)/quelle(s)
quem	qui

Les interrogatifs sont souvent accompagnés de l'expression **é que** qui se place avant le verbe :
Onde trabalhas?
➜ **Onde é que trabalhas?**
Où travailles-tu ?
➜ *Où est-ce que tu travailles ?*

CHAPITRE 4 : SE PRÉSENTER ET PRÉSENTER QUELQU'UN

3 Placez l'interrogatif qui convient pour chaque question, puis reliez les questions avec les réponses afin de reconstituer le dialogue.

Qual   Qual   Quantos   Como   Onde

.... te chamas? • • Moro em Paris.

.... anos tens? • • Falo um pouco de português.

.... moras? • • Sou francesa.

.... é a tua nacionalidade? • • Chamo-me Louise.

Falas português? • • Sou fotógrafa.

.... é a tua profissão? • • Tenho 27 anos.

4 Reformulez les questions en ajoutant l'expression *é que*.

a. Como te chamas? ....

b. Onde mora? ....

c. O que estudas? ....

d. Quantos anos têm? ....

5 Trouvez les questions correspondant aux réponses suivantes.

a. ....? Sou de França.

b. ....? Ele chama-se Duarte.

c. ....? Sim, falamos português.

d. ....? É a senhora Nogueira.

Exemple d'un verbe pronominal au présent de l'indicatif

	chamar-se *(s'appeler)*
eu	chamo-me
tu	chamas-te
ele/ela/você	chama-se
nós	chamamo-nos
eles/elas/vocês	chamam-se

Attention :
- Remarquez les pronoms réfléchis : **me, te, se, nos, se**.
- Le **s** final de la terminaison verbale de **chamamos** disparaît : **Nós chamamo-nos**, *Nous nous appelons*.
- Prononciation : **nós** [nòch] ≠ **nos** [nouch].

CHAPITRE 4 : SE PRÉSENTER ET PRÉSENTER QUELQU'UN

La place du pronom

Le pronom se place généralement après le verbe : **Chamo-me Luís.**

Dans certains cas, le pronom se place **avant** le verbe :
- après un interrogatif : **Como se chama?**
- après une négation : **Não me chamo Pedro.**
- après **que** : **Sei que ele se levanta cedo.** *Je sais qu'il se lève tôt.*
- après **também** : **Também me levanto cedo.** *Je me lève tôt aussi.*

6 Placez le pronom qui convient au bon endroit : avant ou après le verbe.

Ex. Eles ...... chamam-se ...... Tiago e Miguel.

a. Tu ...... chamas ...... Sara?

b. Onde ...... situa ...... a Universidade?

c. É uma história que ...... passa ...... em Sintra.

d. Eu ...... interesso ...... por línguas estrangeiras.

e. Nós não ...... levantamos ...... às 8 horas.

f. Eles também ...... levantam ...... cedo.

Banque de mots

mas	*mais*	interessar-se	*s'intéresser*
muito	*très, beaucoup*	levantar-se	*se lever*
também	*aussi*	passar-se	*se passer*
um pouco	*un peu*	situar-se	*se situer*

7 Complétez le texte avec les formes verbales suivantes : *chama-se, somos, sou, moramos, chamo-me, fala, temos, é.*

Olá ! Eu .... Paulo e ....
angolano. A minha namorada .... Francesca.
.... italiana, mas .... muito bem
português. Nós .... 24 anos, ...
em Coimbra e .... estudantes de psicologia.

CHAPITRE 4 : SE PRÉSENTER ET PRÉSENTER QUELQU'UN

8 Lisez le dialogue suivant et essayez de le traduire.

Laura	Olá! Como te chamas?	*Salut!* ....
Hugo	Chamo-me Hugo Pereira.	....
Laura	De onde és Hugo?	....
Hugo	Sou de Faro, e tu?	....
Laura	Sou de São Paulo mas moro em Lisboa. E tu? Onde moras?	....
Hugo	Moro em Almada, na rua do castelo, n.°1.	....
Laura	Onde trabalhas?	....
Hugo	Trabalho no hospital, sou enfermeiro.	....
Laura	Ah! Também sou enfermeira!	....

9 Complétez les phrases à partir des informations du dialogue de l'exercice 8.

Ex. O Hugo ...... não é ...... médico.

a. O Hugo .... português.

b. A Laura .... portuguesa.

c. O Hugo .... em Faro.

d. A Laura .... em Lisboa.

e. O Hugo e a Laura .... enfermeiros.

Bravo, vous êtes venu à bout du chapitre 4 ! Il est maintenant temps de comptabiliser les icônes et de reporter le résultat en page 128 pour l'évaluation finale.

Les accords en genre et en nombre

Le masculin et le féminin

- Les noms et les adjectifs qui se terminent par **o** au masculin prennent un **a** au féminin : **o médico** → **a médica**.
- Les noms et les adjectifs en **ão** formeront généralement leur féminin en **ã** : **o irmão** → **a irmã**, *le frère*, *la sœur*.
- Pour les noms et les adjectifs en **or** et en **ês**, on ajoute un **a** (et on retire l'accent circonflexe pour le second cas) : **o professor** → **a professora** ; **francês** → **francesa**. Attention, quelques invariables conserveront la même forme au féminin : **melhor**, **maior**, **pior**, *meilleur(e)*, *plus grand(e)*, *pire*.
- Les adjectifs en **eu** se termineront généralement par **eia** au féminin : **europeu** → **europeia**, *européen*, *européenne*.
- Les mots qui se terminent par **a, e, ar, es, l, m, z** restent invariables : **o/a artista** ; **inteligente** ; **familiar** ; **simples** ; **atual** ; **jovem** ; **feliz**. Attention aux exceptions : **espanhol** → **espanhola**, *espagnol(e)* ; **bom** → **boa**, *bon(ne)*.

1 Complétez ce tableau avec les terminaisons qui correspondent… cela vous fera un parfait résumé de la leçon ci-dessus !

masculin	féminin
o	
	ã
or	
	esa
eu	

CHAPITRE 5 : LES ACCORDS EN GENRE ET EN NOMBRE

2 Complétez le tableau avec les nationalités au féminin.

país / continente	masculino	feminino
a. Bélgica	belga	....
b. Brasil	brasileiro	....
c. Espanha	espanhol	....
d. Europa	europeu	....
e. Guiné Bissau	guineense	....
f. Portugal	português	....

3 Quelle forme féminine est correcte ? Entourez-la !

a. alemão	alemã	alemãoa
b. francês	francêsa	francesa
c. melhor	melhor	melhora
d. útil	útila	útil
e. calmo	calma	calme
f. professor	professor	professora
g. contente	contenta	contente

As profissões, *les métiers*

agricultor	*agriculteur*		estudante	*étudiant*
arquiteto	*architecte*		fotógrafo	*photographe*
advogado	*avocat*		futebolista	*footballeur*
bombeiro	*pompier*		jornalista	*journaliste*
cantor	*chanteur*		mecânico	*mécanicien*
comerciante	*commerçant*		médico	*médecin*
cozinheiro	*cuisinier*		padeiro	*boulanger*
empregado de mesa	*serveur*		pintor	*peintre*
enfermeiro	*infirmier*		pianista	*pianiste*
engenheiro	*ingénieur*		polícia	*policier*
escritor	*écrivain*		professor	*professeur*
estilista	*styliste*		secretário	*secrétaire*
			vendedor	*vendeur*

CHAPITRE 5 : LES ACCORDS EN GENRE ET EN NOMBRE

 Complétez avec le métier de ces personnalités lusophones.

a. José Saramago   b. Paula Rego   c. Sebastião Salgado   d. Fátima Lopes

e. Cesária Évora   f. Cristiano Ronaldo   g. Maria João Pires

 Mettez au féminin les sujets des phrases suivantes.

a. O professor é um jovem alemão. *Le professeur est un jeune Allemand.*

→ ....

b. O estudante é sério e amável. *L'étudiant est sérieux et aimable.*

→ ....

c. O novo colega é eficaz e trabalhador. *Le nouveau collègue est efficace et travailleur.*

→ ....

d. O irmão da Mariana é um bom enfermeiro. *Le frère de Mariana est un bon infirmier.*

→ ....

CHAPITRE 5 : LES ACCORDS EN GENRE ET EN NOMBRE

Attention aux irréguliers !

Certains mots ont une forme bien différente au féminin :
ator/atriz, *acteur/actrice*
homem/mulher, *homme/femme*
poeta/poetisa, *poète/poétesse*
príncipe/princesa, *prince/princesse*
rapaz/rapariga, *garçon/fille*
rei/rainha, *roi/reine*

6 Repérez les six mots qui se cachent dans cette *sopa de letras* (soupe de lettres), puis indiquez leur forme opposée (féminine ou masculine).

	Mots cachés…	… et leur opposé
a.		
b.		
c.		
d.		
e.		
f.		

Le singulier et le pluriel

En général, on ajoute tout simplement un **s** pour obtenir le pluriel : **italiano** → **italianos**.

Pour les noms et les adjectifs se terminant par **r**, **s**, et **z**, on ajoutera **es** : **professor** → **professores** ; **português** → **portugueses** (on retire aussi l'accent circonflexe) ; **rapaz** → **rapazes**.

Pour les mots en **m**, on remplace **m** par **ns** : **homem** → **homens**, *homme/hommes*.

Attention aux invariables qui ont la même forme au singulier et au pluriel : **simples**, *simple/simples* ; **lápis**, *crayon/crayons*.

CHAPITRE 5 : LES ACCORDS EN GENRE ET EN NOMBRE

7 Retrouvez le bon pluriel pour chaque mot.

	A	B
1. calmo	calmo	calmos
2. bom	bomes	bons
3. país	países	país
4. cantor	cantors	cantores
5. simples	simpleses	simples
6. italiana	italianas	italiani
7. imagem	imagemes	imagens
8. capaz	capazes	capas
9. jardim	jardins	jardims

8 Mettez les mots suivants au pluriel.

a. mulher ....
b. boa ....
c. homem ....
d. eficaz ....
e. rei ....
f. comerciante ....
g. atum, *thon* ....

9 Mettez les mots suivants au singulier.

a. viagens, *voyages* ....
b. cidades ....
c. lápis ....
d. japoneses ....
e. trabalhadoras ....
f. atrizes ....
g. médicos ....

Le pluriel des mots en *l*

- On remplace le **l** final par **is** : **jornal** → **jornais** ; **azul** → **azuis**.
- Pour les mots en **ol**, il faut aussi ajouter un accent aigu sur le **o** : **espanhol** → **espanhóis**.
- Pour les mots en **el** qui ne portent pas d'accent graphique, on en ajoute un sur la terminaison **éis** : **papel** → **papéis**, *papier(s)*.
- Les mots terminés en **il** auront un pluriel en **is** sauf s'ils portent un accent graphique : dans ce cas, ils auront une terminaison en **eis** : **gentil** → **gentis** ; **fácil** → **fáceis**.
- **Exception :** le pluriel de **mal** est **males**, *mal/maux*.

CHAPITRE 5 : LES ACCORDS EN GENRE ET EN NOMBRE

10 Placez les terminaisons plurielles où il convient et vous aurez un récapitulatif de la leçon !

éis   eis   ais   is   óis   eis   uis

singulier d'un mot terminé par :	pluriel en :
al	
ul	
ol	
el (mot qui a déjà un accent graphique)	
el (mot sans accent graphique)	
il (mot sans accent graphique)	
il (mot qui porte un accent graphique)	

11 Ajoutez l'accent sur la terminaison plurielle quand cela est nécessaire.

a. confortável, confortáveis, *confortable(s)*
b. hotel, hoteis, *hôtel(s)*
c. fiel, fieis, *fidèle(s)*
d. possível, possíveis, *possible(s)*
e. móvel, móveis, *meuble(s)*
f. anel, aneis, *bague(s)*

12 Mettez les mots suivants au pluriel.

a. papel ....
b. animal ....
c. espanhol ....
d. amável ....
e. difícil ....
f. hospital ....
g. azul ....
h. farol, *phare* ....
i. perfil, *profil* ....

Le pluriel des mots terminés en *ão*

La plupart des mots en **ão** ont un pluriel en **ões** : **informação** ➔ **informações**, *information(s)*.

Néanmoins, quelques-uns formeront leur pluriel en **ãos** ou en **ães** :
mão, *main*, **irmão**, **cidadão**, *citoyen* ➔ **mãos**, **irmãos**, **cidadãos**
cão, **pão**, *pain*, **alemão** ➔ **cães**, **pães**, **alemães**.

CHAPITRE 5 : LES ACCORDS EN GENRE ET EN NOMBRE

13 Mettez les mots suivants au pluriel.

a. televisão ....

b. irmão ....

c. profissão ....

d. região, *région* ....

e. cão ....

14 Mettez les mots suivants au singulier.

a. pães ....

b. razões, *raisons* ....

c. mãos ....

d. impressões, *impressions* ....

e. canções, *chansons* ....

15 Mettez les phrases suivantes au pluriel.

a. Eu sou português. Nós ....

b. Ele tem bagagem. Eles ....

c. O avião é estável. ....

d. Você é espanhol ? ....

e. Ela é uma amiga fiel. ....

f. Eu tenho uma informação importante. ....
....

g. Ele é um cidadão alemão. ....

h. A capital europeia é bonita. ....

i. O farol é azul. ....

Bravo, vous êtes venu à bout du chapitre 5 ! Il est maintenant temps de comptabiliser les icônes et de reporter le résultat en page 128 pour l'évaluation finale.

6. Se saluer et exprimer un état, une humeur

Le verbe *estar*

En portugais, il existe deux verbes *être* : **ser** et **estar**.

On utilise le verbe **estar** pour dire comment on va et pour indiquer une humeur ou un état passager : **Estou bem**, *Je vais bien* ; **Estou contente**, *Je suis content(e)*.

Conjugaison du verbe **estar** au présent de l'indicatif :

	estar *(être)*
eu	estou
tu	estás
ele/ela/você	está
nós	estamos
eles/elas/vocês	estão

Attention, n'oubliez pas les accents sur **estás** et **está** !

Se saluer et dire comment on va

olá!	*salut !*	como estás/está?	*comment vas-tu/ allez-vous ?*
bom dia	*bonjour (le matin)*	tudo bem?	*ça va ?*
boa tarde	*bonjour (l'après-midi)*	estou bom/boa	*je vais bien*
boa noite	*bonsoir (le soir)*	estou muito bem, estou ótimo/a	*je vais très bien*
adeus	*au revoir*	não estou bem	*je ne vais pas bien*
até amanhã	*à demain*		
até à próxima	*à la prochaine*	obrigado/a	*merci*
até breve	*à bientôt*	muito obrigado/a	*merci beaucoup*
até logo	*à tout à l'heure*	prazer, muito prazer, muito gosto	*enchanté(e)*

CHAPITRE 6 : SE SALUER ET EXPRIMER UN ÉTAT, UNE HUMEUR

1. Sélectionnez la bonne réponse.

	a	b	c
1. Como estás?	Estamos ótimos.	Estou no cinema.	Estou bem, obrigada.
2. Olá, sou a Lídia.	Estás boa, Lídia?	Obrigado, Lídia.	Adeus.
3. Como estão?	Somos médicos.	Estamos ótimos.	Estou ótimo.
4. Prazer.	Até amanhã.	Muito gosto.	Bem, obrigado.
5. Adeus!	Não estou bem.	Bom dia!	Até à próxima!

2. Ces phrases comportent des erreurs : trouvez-les et corrigez-les !

a. Como é que vocês estamos? ....

b. Eu não esto bem. ....

c. Ela está bom. ....

d. Sou contente. ....

e. Elas estão italianas. ....

f. Chamo-me Ana e estou boa, obrigado. ....

Humeurs et états passagers

Les adjectifs sont présentés avec leurs antonymes pour faciliter votre mémorisation !

aborrecido ≠ satisfeito	*contrarié ≠ satisfait*	**feliz ≠ infeliz**	*heureux ≠ malheureux*
animado ≠ desanimado	*enjoué ≠ découragé*	**limpo ≠ sujo**	*propre ≠ sale*
apaixonado ≠ indiferente	*amoureux ≠ indifférent*	**quente ≠ frio**	*chaud ≠ froid*
calmo ≠ nervoso	*calme ≠ nerveux*	**zangado ≠ alegre**	*fâché ≠ joyeux*
cansado ≠ descansado	*fatigué ≠ reposé*		
concentrado ≠ distraído	*concentré ≠ distrait*		
contente ≠ triste	*content ≠ triste*		
doente ≠ saudável	*malade ≠ en bonne santé/sain*		

CHAPITRE 6 : SE SALUER ET EXPRIMER UN ÉTAT, UNE HUMEUR

3 Sept humeurs se cachent dans cette *sopa de letras* : trouvez-les !

C	N	A	T	U	I	M	A	G	X	S	O
A	B	O	R	R	E	C	I	D	O	E	S
L	T	B	E	N	I	C	N	V	Ã	O	U
M	S	A	C	A	N	S	A	D	O	M	J
O	C	O	N	C	E	N	T	R	A	D	O
L	I	S	A	U	D	Á	V	E	L	Q	R

a. ....
b. ....
c. ....
d. ....
e. ....
f. ....
g. ....

4 Donnez les antonymes des mots de l'exercice précédent.

a. ....
b. ....
c. ....
d. ....
e. ....
f. ....
g. ....

5 Construisez des phrases avec les éléments donnés.

Ex. O café / 🌡️ → O café está quente.

a. Nós / 😠 → ....
b. Eu / 😍 → ....
c. Elas / 🤢 → ....
d. Tu / 😥 → ....
e. As enfermeiras / 😫 → ....
f. Os gelados, *les glaces* / 🌡️ → ....

CHAPITRE 6 : SE SALUER ET EXPRIMER UN ÉTAT, UNE HUMEUR

L'expression *estar com*

Estar com équivaut à **ter**, *avoir* : **Estou com frio** ↔ **Tenho frio** = *J'ai froid*.
On l'utilise par exemple dans les expressions suivantes : **estar com frio/calor**, *avoir froid/chaud* ; **estar com fome/sede**, *avoir faim/soif*.

6 Reformulez les phrases suivantes avec l'expression *estar com*.

a. Tens fome? ....

b. Temos sede. ....

c. A Rafaela tem frio. ....

d. Os estudantes têm trabalho. ....

e. Tenho calor. ....

7 *Ser* ou *estar* ? Complétez les phrases suivantes avec le verbe qui convient.

estou estás está
estamos estão sou
és é somos são

a. Eu .... muito cansada.

b. Tu .... francesa.

c. O sofá .... sujo.

d. Nós .... contentes.

e. Vocês .... inteligentes.

Sentir-se

Le verbe **sentir-se**, *se sentir*, est irrégulier à la première personne du singulier au présent de l'indicatif : **Sinto-me cansado**, *je me sens fatigué* ; **Não me sinto bem**, *Je ne me sens pas bien*.

CHAPITRE 6 : SE SALUER ET EXPRIMER UN ÉTAT, UNE HUMEUR

8 **Complétez les phrases suivantes avec les formes de *sentir-se* au présent de l'indicatif.**

me sinto   sinto-me   sentimo-nos   se sente   sentem-se   sentes-te

a. Eu ………………………… nervosa.

b. Tu ………………………… bem?

c. Você não ………………………… aborrecido?

d. Nós ………………………… satisfeitas.

e. Os bombeiros ………………………… cansados.

f. Eu não ………………………… concentrado.

Bravo, vous êtes venu à bout du chapitre 6 ! Il est maintenant temps de comptabiliser les icônes et de reporter le résultat en page 128 pour l'évaluation finale.

Indiquer la possession, décrire et comparer

Indiquer la possession

Possesseurs	Possessifs singuliers		Possessifs pluriels	
eu	o meu/a minha	*mon/ma*	os meus/as minhas	*mes*
tu	o teu/a tua	*ton/ta*	os teus/as tuas	*tes*
ele, ela, você	o seu/a sua	*son/sa, votre*	os seus/as suas	*ses, vos*
nós	o nosso/a nossa	*notre*	os nossos/as nossas	*nos*
eles, elas, vocês	o seu/a sua	*leur, votre*	os seus/as suas	*leurs, vos*

- Vous remarquerez que les possessifs **o(s) seu(s)/a(s) sua(s)** peuvent avoir différents sens ! Selon le contexte, **É o seu amigo** peut signifier *C'est votre ami* (avec le vous du vouvoiement, **você**), *son ami* (à lui ou elle, **ele** ou **ela**), *leur ami* (à eux ou elles, **eles** ou **elas**). En cas d'ambiguïté, on réservera **o seu** pour *votre* (vouvoiement) et on utilisera **dele, dela, deles, delas** pour dire *son, sa, ses, leur(s)* : **É o amigo dele**, *C'est son ami* (à lui).
- Par ailleurs, notons que pour **vocês** (*vous* collectif), il est très courant d'utiliser le possessif **o(s) vosso(s)/a(s) vossa(s)** à la place de **o(s) seu(s)/a(s) sua(s)**.

A família, *la famille*

avô/avó/avós	*grand-père/grand-mère/ grands-parents*	**pai/mãe/pais**	*père/mère/ parents*
cunhado/cunhada	*beau-frère/belle-sœur*	**primo/prima**	*cousin/cousine*
filho/filha/filhos	*fils/fille/enfants*	**sobrinho/sobrinha**	*neveu/nièce*
genro/nora	*gendre/belle-fille*	**sogro/sogra**	*beau-père/ belle-mère*
irmão/irmã/irmãos	*frère/sœur/frères et sœurs*	**tio/tia**	*oncle/tante*
neto/neta/netos	*petit-fils/petite-fille/ petits-enfants*		

CHAPITRE 7 : INDIQUER LA POSSESSION, DÉCRIRE ET COMPARER

1 À quel possesseur renvoient ces phrases ? Reliez les éléments qui se correspondent.

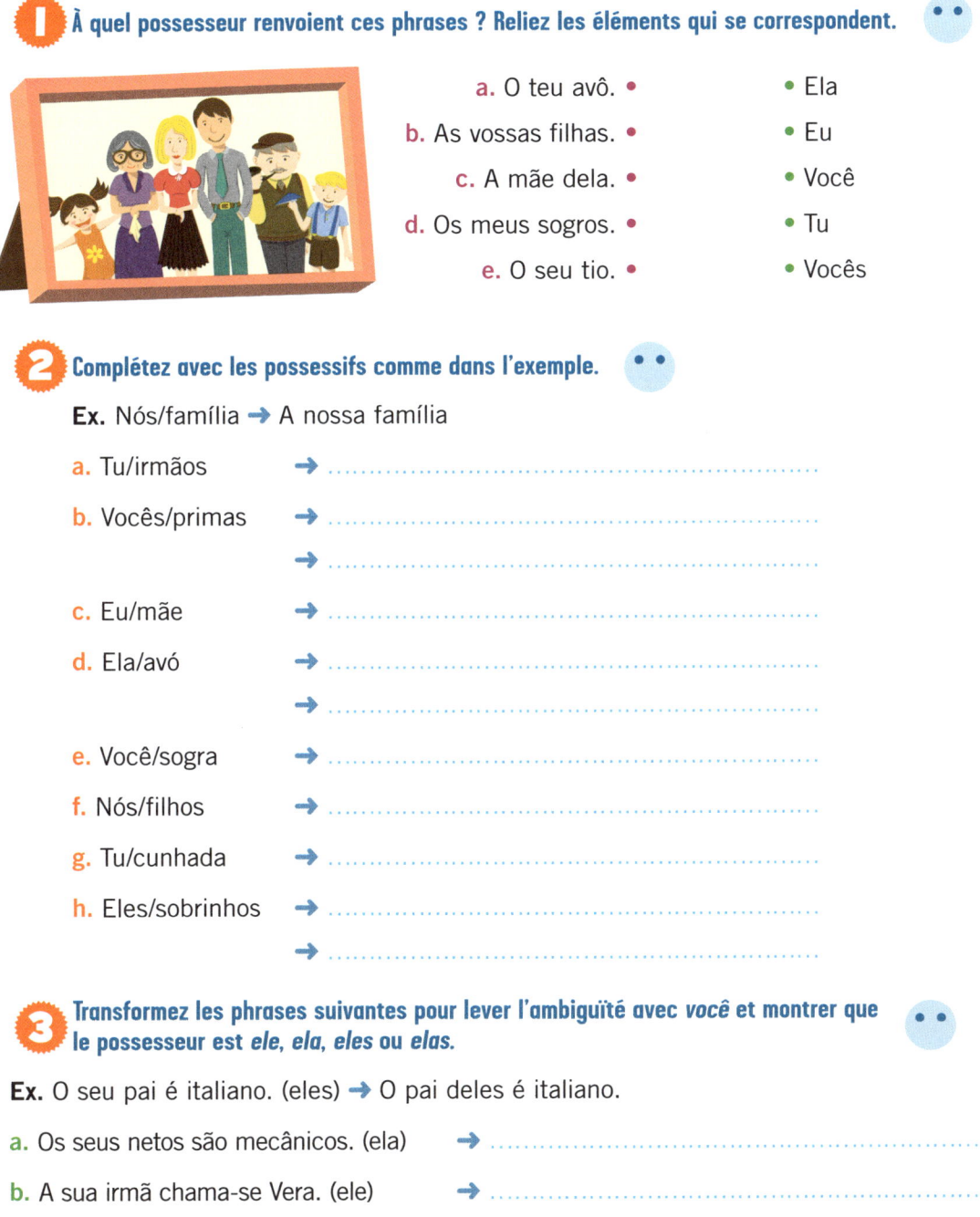

a. O teu avô. •   • Ela
b. As vossas filhas. •   • Eu
c. A mãe dela. •   • Você
d. Os meus sogros. •   • Tu
e. O seu tio. •   • Vocês

2 Complétez avec les possessifs comme dans l'exemple.

Ex. Nós/família ➜ A nossa família

a. Tu/irmãos   ➜ ....
b. Vocês/primas   ➜ ....
                  ➜ ....
c. Eu/mãe   ➜ ....
d. Ela/avó   ➜ ....
                  ➜ ....
e. Você/sogra   ➜ ....
f. Nós/filhos   ➜ ....
g. Tu/cunhada   ➜ ....
h. Eles/sobrinhos ➜ ....
                  ➜ ....

3 Transformez les phrases suivantes pour lever l'ambiguïté avec *você* et montrer que le possesseur est *ele*, *ela*, *eles* ou *elas*.

Ex. O seu pai é italiano. (eles) ➜ O pai deles é italiano.

a. Os seus netos são mecânicos. (ela)   ➜ ....
b. A sua irmã chama-se Vera. (ele)   ➜ ....
c. Os seus primos são estudantes. (elas) ➜ ....

CHAPITRE 7 : INDIQUER LA POSSESSION, DÉCRIRE ET COMPARER

4 **Traduisez les éléments suivants.**

a. Votre fille (*vous* de vouvoiement)

→ ....

b. Nos parents

→ ....

c. Ma petite-fille

→ ....

d. Ses cousins (à lui)

→ ....

ou ....

e. Vos frères (*vous* collectif)

→ ....

ou ....

5 **Complétez l'arbre généalogique de Rafael avec le vocabulaire qui convient.**

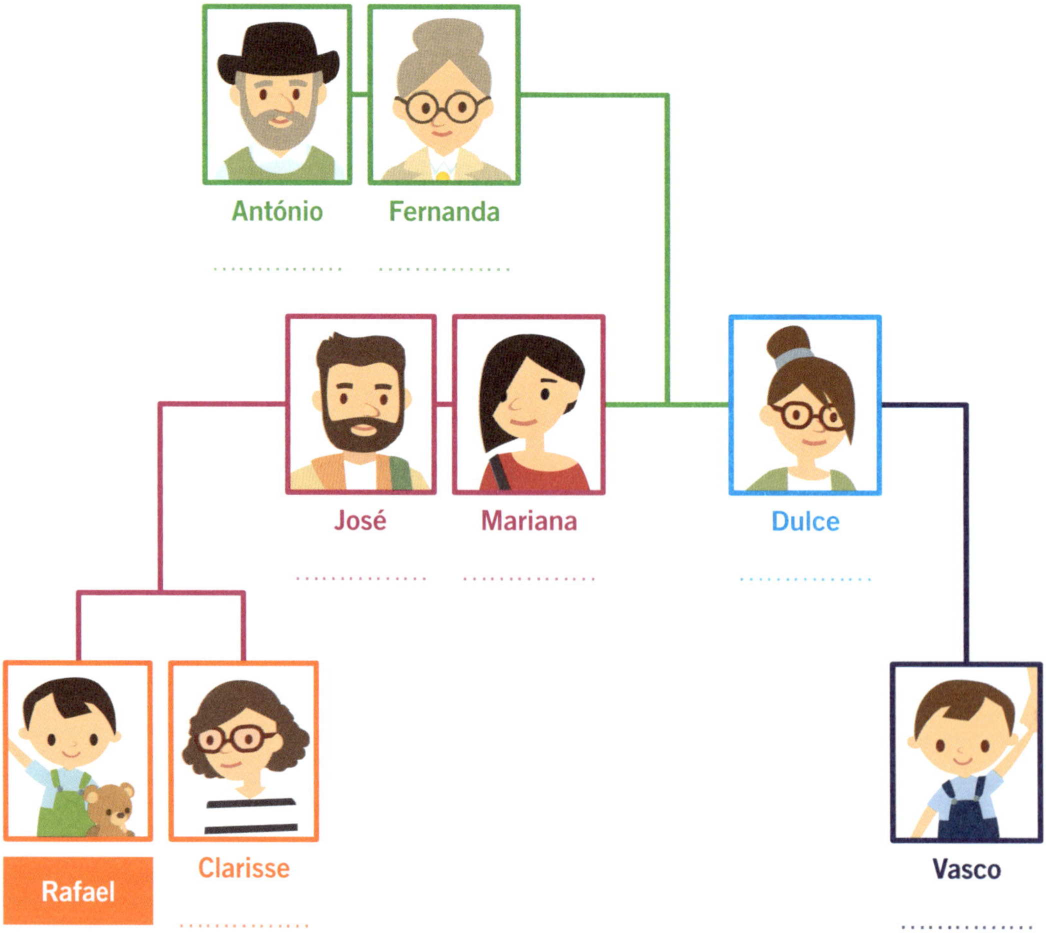

António   Fernanda

José   Mariana   Dulce

Rafael   Clarisse   Vasco

CHAPITRE 7 : INDIQUER LA POSSESSION, DÉCRIRE ET COMPARER

Le mien, le tien… À moi, à toi…

- Les possessifs peuvent aussi avoir le sens de *le mien, le tien…*, **o meu**, **o teu**… :
  É a nossa casa. É a nossa.
  C'est notre maison. C'est la nôtre.

- On supprime l'article lorsque le possessif a le sens de *à moi, à toi…*, **meu(s)/minha(s)**, **teu(s)/tua(s)**… :
  Este livro é seu?
  Ce livre est à vous ?
  De quem é esta caneta? É minha.
  À qui est ce stylo ? Il est à moi.

6 Reliez les phrases à leur traduction.

1. C'est la mienne. • • a. São as tuas.
2. Ce sont les miens. • • b. É o seu.
3. C'est la sienne. • • c. É a sua./É a dela.
4. Ce sont les tiennes. • • d. É a minha.
5. C'est le vôtre (vouvoiement). • • e. São os meus.

7 Répondez aux questions avec le pronom possessif qui convient.

Ex. De quem são os livros? (ele) → São seus/São dele.

a. De quem são as canetas? (tu) → ....
b. De quem é o telemóvel? (eu) → ....
c. De quem é o livro? (você) → ....
d. De quem são as prendas? (nós) → ....

CHAPITRE 7 : INDIQUER LA POSSESSION, DÉCRIRE ET COMPARER

As cores, *les couleurs*

amarelo	*jaune*	cor-de-laranja	*orange*
azul	*bleu*	cor-de-rosa	*rose*
branco	*blanc*	preto	*noir*
castanho	*marron*	verde	*vert*
cinzento	*gris*	vermelho	*rouge*

8 Quelles couleurs résultent des mélanges suivants ?

a. Branco + vermelho = ...

b. Azul + amarelo = ...

c. Preto + branco = ...

9 *De que cor…*, De quelle couleur… : répondez aux questions suivantes.

a. De que cor é a bola?

→ A bola é ....

b. De que cor são as flores ?

→ ....

c. De que cor é o céu ?

→ ....

d. De que cor é o carro?

→ ....

CHAPITRE 7 : INDIQUER LA POSSESSION, DÉCRIRE ET COMPARER

Décrire

O Lucas é um rapaz de olhos verdes. *Lucas est un garçon aux yeux verts.*
Tem o cabelo curto e loiro. *Il a les cheveux courts et blonds.*
É sociável e falador. *Il est sociable et bavard.*

Description physique et morale

barba	*barbe*	arrogante	*arrogant*
bigode	*moustache*	calado	*silencieux*
cara	*visage*	desorganizado	*désordonné*
cabelo(s)	*cheveu(x)*	estúpido	*stupide*
dentes	*dents*	falador	*bavard*
nariz	*nez*	humilde	*humble*
olhos	*yeux*	inteligente	*intelligent*
orelhas	*oreilles*	organizado	*organisé*
		preguiçoso	*paresseux*
alto/grande	*grand*	sério	*sérieux*
baixo/pequeno	*petit*	sociável	*sociable*
magro	*mince/maigre*	tímido	*timide*
gordo	*gros*	trabalhador	*travailleur*
bonito	*beau*		
feio	*laid*		
jovem	*jeune*		
velho	*vieux*		
comprido	*long*		
curto	*court*		
encaracolado	*bouclé*		
liso	*lisse*		
castanho	*châtain/brun/marron*		
loiro	*blond*		
ruivo	*roux*		
usar roupa	*porter des vêtements*		

43

CHAPITRE 7 : INDIQUER LA POSSESSION, DÉCRIRE ET COMPARER

10. À quel personnage correspond chaque description ?

Beatriz

Júlio

Miguel

a. É uma rapariga de olhos azuis. Tem o cabelo comprido e encaracolado. Usa óculos. ………………………

b. É um rapaz alto. Tem orelhas grandes e olhos castanhos. Tem cabelos lisos e pretos. ………………………

c. Tem um pequeno nariz e orelhas grandes. É gordinho e baixo. Os seus olhos são azuis. ………………………

11. Donnez les antonymes des mots suivants en respectant leur genre et leur nombre.

a. arrogante → H _ _ _ _ D _
b. bonitos → _ _ I _ S
c. preguiçosa → _ R _ _ _ _ _ A _ _ _ _
d. calado → F _ _ A _ _ _

e. jovens → _ _ L _ O _
f. alto → _ _ _ _ O
g. tímidas → _ _ _ _ _ Á _ E _ _

12. Complétez la description de ces personnages célèbres en sélectionnant l'élément qui le décrit et en barrant l'autre.

Tintin
É um **jovem/velho** repórter.
Tem o **bigode/cabelo** ruivo e **comprido/curto**.
Tem um cão **branco/castanho** que se chama Milu.
É **otimista/pessimista** e **preguiçoso/trabalhador**.

O pai natal, *Le Père Noël*
É um **jovem/velho** senhor.
Tem a barba e o cabelo **brancos/loiros**.
É **egoísta/generoso**.
Usa roupa **vermelha/verde**.

CHAPITRE 7 : INDIQUER LA POSSESSION, DÉCRIRE ET COMPARER

Comparer

O Rafael é <u>mais</u> velho <u>do que</u> a sua irmã mas é <u>tão</u> despreocupado <u>como</u> ela.
Rafael est <u>plus</u> vieux que sa sœur, <u>mais</u> il est <u>aussi</u> insouciant <u>qu'</u>elle.

- **mais… (do) que**, *plus… que*
  menos… (do) que, *moins… que*
  tão… como, *aussi… que*
- Comparatifs irréguliers :
  bom → melhor, *meilleur/mieux*
  mau/mal → pior, *pire*
  grande → maior, *plus grand*
  pequeno → menor/mais pequeno, *plus petit*

13 Faites des phrases à partir des éléments donnés, comme dans l'exemple.

Ex. Os meus alunos + sérios/os teus
→ Os meus alunos são mais sérios (do) que os teus.

a. O cão – selvagem **/** o gato
→ ....

b. Nídia **=** organizada **/** Rúben
→ ....

c. Os bolos **+** bom **/** os biscoitos
→ ....

14 Corrigez les erreurs des phrases suivantes.

a. O livro é mas interessante do que o filme.
→ ....

b. Dançar é tão divertido que cantar.
→ ....

c. O tempo está mais mau do que ontem.
→ ....

d. A casa da Mariana é mais grande do que a minha.
→ ....

Bravo, vous êtes venu à bout du chapitre 7 ! Il est maintenant temps de comptabiliser les icônes et de reporter le résultat en page 128 pour l'évaluation finale.

8
Localiser et dire ce que l'on est en train de faire

Localiser dans l'espace

Pour localiser dans l'espace, on utilise le verbe **estar** (et pas **ser**), *être*, ou encore **ficar** et **encontrar-se**, *se trouver*. *Il y a* se dit **Há** (verbe **haver**).

- **Onde estás? - Estou no cinema.** *Où es-tu ? — Je suis au cinéma.*
- **Onde fica a padaria? — Está ao lado do banco.**
  Où se trouve la boulangerie ? — Elle est à côté de la banque.
- **Há uma escola no centro da cidade, fica atrás dos correios.**
  Il y a une école dans le centre-ville, elle se trouve derrière la Poste.
- **O teatro encontra-se entre o museu e o supermercado.**
  Le théâtre se trouve entre le musée et le supermarché.

Se repérer dans l'espace

à direita	à droite
à esquerda	à gauche
ao lado de/ao pé de	à côté de
atrás de	derrière
debaixo de	au-dessous de/sous
dentro de	à l'intérieur de
em frente de/diante de	devant
em cima de	au-dessus de/sur
entre	entre
fora de	à l'extérieur de/en dehors de
longe de	loin de
perto de	près de

CHAPITRE 8 : LOCALISER ET DIRE CE QUE L'ON EST EN TRAIN DE FAIRE

1 Après avoir mémorisé le vocabulaire de la banque de mots, donnez les contraires des mots suivants.

a. dentro de ➔ ....

b. longe ➔ ....

c. à esquerda ➔ ....

2 Reliez la question et la réponse.

1. Onde estão os correios? •
2. Vocês estão no centro da cidade? •
3. O que há atrás da escola? •
4. Onde estás? •
5. Onde está o gato? •

• a. Estou no banco.
• b. Sim, estamos entre o cinema e o jardim.
• c. Estão diante da farmácia.
• d. Há muitos restaurantes.
• e. Está ao pé de ti.

3 *Onde está o gato?* Indiquez où se trouve le chat.

a.   b.   c.   d.   e.

a. O gato está .... da caixa.

b. O gato está .... da caixa.

c. O gato está ....

d. ....

e. ....

4 Une erreur s'est glissée dans chaque phrase : corrigez-la.

a. Sou na escola. ....

b. Fica ao lado da correios. ....

c. O gatinho é em cima da mesa. ....

d. Está em frente padaria. ....

CHAPITRE 8 : LOCALISER ET DIRE CE QUE L'ON EST EN TRAIN DE FAIRE

Les adverbes de lieu et les démonstratifs

En portugais, il existe trois degrés pour situer dans l'espace :

	adverbes de lieu	démonstratifs
1. près de moi	aqui *ici*	**isto, este, esta, estes, estas** *ceci, ce/cet/celui-ci, cette/celle-ci, ces/ceux-ci, ces/celles-ci*
2. près de toi	aí *là*	**isso, esse, essa, esses, essas** *cela, ce/cet/celui-là, cette/celle-là, ces/ceux-là, ces/celles-là*
3. loin de nous	ali *là-bas*	**aquilo, aquele, aquela, aqueles, aquelas** *cela, ce/cet/celui là-bas, cette/celle là-bas, ces/ceux là-bas, ces/celles là-bas*

Esta garrafa é minha. *Cette bouteille(-ci) est à moi.*
Esse telemóvel é teu? *Ce téléphone portable est à toi ?*
Aqueles gatos são selvagens. *Ces chats-là sont sauvages.*

5 Traduisez les phrases suivantes.

a. Isto é uma garrafa. → ....

b. Aqueles bolos são bons. → ....

c. Essa casa é nossa. → ....

6 Mettez les mots dans le bon ordre pour former des phrases.

a. são livros Estes meus

→ ....

b. isso que O é ?

→ ....

c. bonitas Aquelas são casas

→ ....

d. está Esta garrafa fria

→ ....

CHAPITRE 8 : LOCALISER ET DIRE CE QUE L'ON EST EN TRAIN DE FAIRE

7 Complétez avec le démonstratif qui convient, comme dans l'exemple.

Ex. O que é *isso* ? (aí)

a. .... escola é grande. (ali)

b. De que cor são .... canetas? (aqui)

c. .... gatos são bonitos. (aí)

8 À quel adverbe de lieu renvoient ces phrases : *aqui, aí* ou *ali* ?

a. Essa camisa é tua? ➜ ....

b. Isto é uma bola. ➜ ....

c. Aquele senhor é simpático. ➜ ....

Estar a + infinitif

L'expression **estar a** suivi du **verbe à l'infinitif** signifie *être en train de* :
Estou a ver televisão. *Je suis en train de regarder la télévision.*
Estão a tocar saxofone. *Ils sont en train de jouer du saxophone.*

Quelques activités

andar de bicicleta	*faire du vélo*	praticar desporto	*faire du sport*
cantar	*chanter*	ver televisão	*regarder la télévision*
dançar	*danser*	brincar	*jouer, s'amuser*
desenhar	*dessiner*	jogar futebol	*jouer au football*
ler	*lire*	tocar guitarra/piano	*jouer de la guitare/du piano*
passear	*se promener*		

Vous remarquerez que *jouer* peut se dire de différentes façons : **brincar**, *jouer, s'amuser*, **jogar** (sports) ou encore **tocar** (musique).

CHAPITRE 8 : LOCALISER ET DIRE CE QUE L'ON EST EN TRAIN DE FAIRE

9 Reliez les phrases suivantes à leur traduction.

1. Ele está a correr.
2. Estou a ler o jornal.
3. Elas cantam.
4. Elas estão a cantar.
5. Estamos a passear.

a. Je suis en train de lire le journal.
b. Nous sommes en train de nous promener.
c. Elles sont en train de chanter.
d. Il est en train de courir.
e. Elles chantent.

10 O que estão a fazer ? Que font-ils ?

a.

b.

c.

a. ....
b. ....
c. ....

11 Transformez les phrases suivantes comme dans l'exemple.

Ex. Vemos televisão. → Estamos a ver televisão.

a. Falo com os meus pais. → ....
b. As crianças brincam. → ....
c. Desenhas um gato? → ....
d. Andamos de bicicleta. → ....
e. Pratica desporto. → ....

CHAPITRE 8 : LOCALISER ET DIRE CE QUE L'ON EST EN TRAIN DE FAIRE

12 Complétez les phrases suivantes avec *brincar*, *jogar* ou *tocar*.

a. Estamos a .... saxofone.

b. Está a .... com os seus amigos.

c. Estou a .... futebol.

Ser ou estar ?

Nous avons vu qu'il existait deux verbes *être* en portugais : **ser** et **estar**.
- On utilise **ser** quand on évoque des caractéristiques personnelles (nationalité, profession, description physique, qualités morales, etc.).
- On emploie **estar** pour localiser dans l'espace, pour indiquer un état passager ou une humeur et dans l'expression *être en train de*.

13 Indiquez dans quel cas on emploie *ser* et *estar*.

		ser	estar
a.	Localiser dans l'espace		
b.	Décrire une personne ou un objet		
c.	Indiquer une nationalité		
d.	Exprimer une humeur		
e.	Décrire des qualités morales		
f.	Parler d'un état passager		
g.	Dire comment on va		
h.	Exprimer un sentiment		
i.	Dans l'expression *être en train de*		

14 *Ser* ou *estar* ? Entourez la forme verbale à employer.

a. Nós **somos/estamos** zangados.

b. Ela **é/está** uma mulher.

c. **São/Estão** os meus livros.

d. Eu **sou/estou** muito bem.

e. A sopa **é/está** quente.

f. Onde **és/estás**?

CHAPITRE 8 : LOCALISER ET DIRE CE QUE L'ON EST EN TRAIN DE FAIRE

15 Si je traduis ces phrases en portugais, dois-je utiliser le verbe *ser* ou *estar* ?

		ser	estar
a.	Elle est intelligente.		
b.	Le ballon est blanc.		
c.	Nous sommes fatigués.		
d.	Je suis en train de lire.		
e.	Vous êtes au cinéma ?		
f.	Comment vas-tu ?		
g.	Il est amoureux.		
h.	Elles sont portugaises.		
i.	C'est mon frère.		

16 Complétez avec *ser* ou *estar* conjugué au présent de l'indicatif.

a. Nós .... na universidade.

b. Vocês .... brasileiros?

c. A Lúcia .... uma rapariga simpática.

d. Hoje, eu .... doente.

e. Nós .... sérios e organizados.

f. Ele .... apaixonado por ela.

g. Os meus irmãos .... a praticar desporto.

Bravo, vous êtes venu à bout du chapitre 8 ! Il est maintenant temps de comptabiliser les icônes et de reporter le résultat en page 128 pour l'évaluation finale.

9
Les nombres et la date

Les nombres cardinaux

0 zero	**10** dez	**20** vinte	**101** cento e um
1 um / uma	**11** onze	**21** vinte e um	**200** duzentos/as
2 dois / duas	**12** doze	**30** trinta	**300** trezentos/as
3 três	**13** treze	**40** quarenta	**400** quatrocentos/as
4 quatro	**14** catorze	**50** cinquenta	**500** quinhentos/as
5 cinco	**15** quinze	**60** sessenta	**600** seiscentos/as
6 seis	**16** dezasseis	**70** setenta	**700** setecentos/as
7 sete	**17** dezassete	**80** oitenta	**800** oitocentos/as
8 oito	**18** dezoito	**90** noventa	**900** novecentos/as
9 nove	**19** dezanove	**100** cem	**1000** mil

N'oubliez pas d'ajouter **e** entre :
- les dizaines et les unités : **vinte e dois**, *22* ;
- les centaines et les dizaines : **duzentos e trinta**, *230* ;
- les milliers et les centaines qui ne sont pas suivis d'un autre nombre :
  mil e novecentos, *1900* (≠ **mil novecentos e oitenta**, *1980*).

1 **Écrivez les nombres suivants en chiffres.**

a. dois mil e dezassete → ....

b. cento e quarenta e dois → ....

c. mil novecentos e setenta e quatro → ....

d. cem mil → ....

2 **Traduisez les éléments suivants en faisant attention aux accords.**

a. Deux femmes → ....

b. Deux hommes → ....

c. Une femme → ....

d. Trois cents familles → ....

CHAPITRE 9 : LES NOMBRES ET LA DATE

3 Traduisez les éléments suivants en faisant attention aux accords.

(+) mais   (-) menos   (x) vezes   (/) a dividir por   (=) é igual a

a. 97 + 3 = ...
b. 25 – 6 = ...
c. 12 x 3 = ...
d. 500 / 2 = ...

Les nombres ordinaux

primeiro	premier	sexto	sixième
segundo	deuxième	sétimo	septième
terceiro	troisième	oitavo	huitième
quarto	quatrième	nono	neuvième
quinto	cinquième	décimo	dixième

Les ordinaux s'accordent en genre et en nombre : **São os primeiros**, *Ce sont les premiers* ; **A terceira vez**, *La troisième fois*.

Au-delà de **décimo**, on assemble deux ordinaux : **11.°** : décimo primeiro, *onzième* ; **17.°** : décimo sétimo, *dix-septième*.

4 Complétez ces titres de films avec les ordinaux qui conviennent.

a. *Le cinquième élément* → O .... elemento
b. *Sixième sens* → O .... sentido
c. *La neuvième porte* → A .... porta
d. *La septième compagnie* → A .... companhia
e. *Le treizième jour* → O .... dia

5 Écrivez les ordinaux suivants en toutes lettres.

1.° : ....   8.° : ....

4.° : ....   2.° : ....

CHAPITRE 9 : LES NOMBRES ET LA DATE

Dire une date

Pensez bien à ajouter **de** entre le jour et le mois, d'une part, et entre le mois et l'année, d'autre part !

Hoje é sexta-feira, 10 de março de 2017. *Aujourd'hui, nous sommes vendredi 10 mars 2017.*

Os dias da semana e os meses do ano, *Les jours de la semaine et les mois de l'année.*

segunda-feira	*lundi*	**janeiro**	*janvier*	**julho**	*juillet*
terça-feira	*mardi*	**fevereiro**	*février*	**agosto**	*août*
quarta-feira	*mercredi*	**março**	*mars*	**setembro**	*septembre*
quinta-feira	*jeudi*	**abril**	*avril*	**outubro**	*octobre*
sexta-feira	*vendredi*	**maio**	*mai*	**novembro**	*novembre*
sábado	*samedi*	**junho**	*juin*	**dezembro**	*décembre*
domingo	*dimanche*				

6 Reliez les jours de la semaine qui se correspondent.

1. jeudi •   • a. quinta-feira
2. lundi •   • b. sábado
3. mercredi •   • c. segunda-feira
4. samedi •   • d. quarta-feira

7 Retrouvez les cinq mois de l'année qui se cachent dans cette *sopa de letras*.

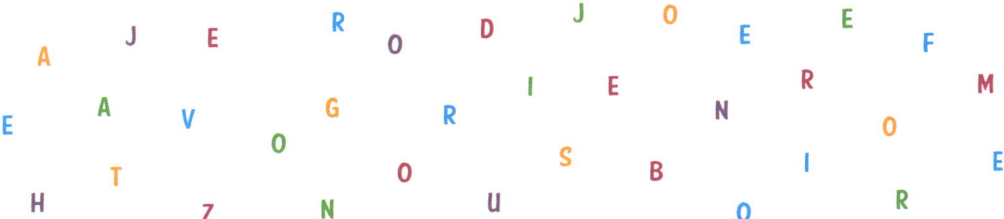

a. .... d. ....
b. .... e. ....
c. ....

55

CHAPITRE 9 : LES NOMBRES ET LA DATE

8 Remettez les dates suivantes dans l'ordre.

a. de / janeiro / 1 / de /1502

→ ....

b. outubro / de / Terça-feira / de / 5 / 1910

→ ....

c. 1998 / de / Hoje / setembro / é / de / quarta-feira / 30

→ ....

9 Traduisez les dates suivantes.

a. Vendredi 11 novembre 1983

→ ....

b. 25 avril 1974

→ ....

c. Samedi 13 mai 2017

→ ....

d. Aujourd'hui, nous sommes dimanche 10 juillet 2016

→ ....

Bravo, vous êtes venu à bout du chapitre 9 ! Il est maintenant temps de comptabiliser les icônes et de reporter le résultat en page 128 pour l'évaluation finale.

10. Le présent de l'indicatif

Le présent de l'indicatif : les terminaisons des verbes réguliers

Il existe trois groupes verbaux en portugais. Vous connaissez déjà les terminaisons des verbes en **ar**, ajoutons à présent celles des verbes en **er** et **ir**.

	ar	er	ir
eu	o	o	o
tu	as	es	es
ele/ela/você	a	e	e
nós	amos	emos	imos
eles/elas/vocês	am	em	em

Ele fala, *Il parle.*
Eu como, *Je mange.*
Nós partimos, *Nous partons.*

Quelques verbes réguliers

chegar	*arriver*		escrever	*écrire*
comprar	*acheter*		vender	*vendre*
contar	*raconter*		viver	*vivre*
conversar	*discuter*		adquirir	*aquérir*
descansar	*se reposer*		abrir	*ouvrir*
fechar	*fermer*		assistir	*assister*
perguntar	*demander/ questionner*		dividir	*diviser*
aprender	*apprendre*		partir	*partir/casser*
beber	*boire*			
comer	*manger*			
compreender	*comprendre*			
conhecer	*connaître*			
correr	*courir*			

CHAPITRE 10 : LE PRÉSENT DE L'INDICATIF

1. Retrouvez les couples adéquats de verbes portugais et leur traduction française.

abro   vous courez   conheces
dividimos   elles acquièrent
ele vive   j'ouvre
nous nous reposons
vocês correm   descansamos
nous divisons   adquirem
tu connais   il vit

a. .... = ...
b. .... = ...
c. .... = ...
d. .... = ...
e. .... = ...
f. .... = ...
g. .... = ...

2. Découvrez les verbes qui se cachent derrière ces anagrammes.

a. CRESEVER → ....
b. GUNPARTER → ....
c. VERIV → ....
d. RATNOC → ....

3. Donnez le contraire des verbes suivants.

a. vender → ....
b. fechar → ....
c. partir → ....

4. Ajoutez les terminaisons du présent de l'indicatif.

-emos   -es   -amos   -em   -o

a. Nós convers............
b. Elas assist............
c. Eu beb............
d. Nós escrev............
e. Tu viv............

CHAPITRE 10 : LE PRÉSENT DE L'INDICATIF

5 Conjuguez les verbes suivants au présent de l'indicatif.

a. Os correios .... (ficar) perto da escola.

b. Tu .... (abrir) a janela ?

c. Nós .... (partir) amanhã.

d. Você .... (viver) em Portugal ?

e. Eu .... (aprender) português.

Le présent de l'indicatif : les verbes très irréguliers

Nous avons déjà appréhendé trois verbes très irréguliers : **ser**, **estar**, **ter**. Intéressons-nous maintenant aux verbes **ir**, **vir**, **ver**, **ler**, **dar**, **pôr** :

ir, *aller*	**vir**, *venir*	**ver**, *voir*	**ler**, *lire*	**dar**, *donner*	**pôr**, *mettre*
vou	venho	vejo	leio	dou	ponho
vais	vens	vês	lês	dás	pões
vai	vem	vê	lê	dá	põe
vamos	vimos	vemos	lemos	damos	pomos
vão	vêm	veem	leem	dão	põem

6 Donnez le contraire des verbes suivants.

a. receber, *recevoir* → ....   c. tirar, *enlever* → ....

b. ficar, *rester* → ....   d. partir → ....

7 À quel infinitif appartiennent ces formes verbales ?

vou   são   vêm   veem   dou   põe   vejo

a. dar: ....

b. ir: ....

c. pôr: ....

d. ser: ....

e. ver: ....

f. vir: ....

CHAPITRE 10 : LE PRÉSENT DE L'INDICATIF

8 Complétez les phrases suivantes en conjuguant le verbe au présent de l'indicatif.

a. Eles .... (ir) ao supermercado.

b. Eu .... (pôr) a mesa.

c. Vocês .... (ler) o jornal?

d. Ela .... (ver) televisão.

9 Répondez aux questions en reprenant le verbe, comme dans l'exemple.

Ex. Pões a mesa? → Ponho.

a. Vês televisão? → ....

b. Vens ao cinema? → ....

c. Você lê as revistas? → ....

d. Vocês vão à festa? → ....

Les verbes irréguliers à la 1re et/ou 3e personne(s) du singulier

- **Fazer, dizer** et **trazer** sont irréguliers à la 1re et à la 3e personne du singulier :

	fazer, *faire*	**dizer**, *dire*	**trazer**, *apporter*
eu	**faço**	**digo**	**trago**
tu	fazes	dizes	trazes
ele/ela/você	**faz**	**diz**	**traz**
nós	fazemos	dizemos	trazemos
eles/elas/vocês	fazem	dizem	trazem

- Les verbes **saber, poder** et **pedir** sont irréguliers à la 1re personne du singulier :

	saber, *savoir*	**poder**, *pouvoir*	**pedir**, *demander*
eu	**sei**	**posso**	**peço**
tu	sabes	podes	pedes
ele/ela/você	sabe	pode	pede
nós	sabemos	podemos	pedimos
eles/elas/vocês	sabem	podem	pedem

- Le verbe **querer**, *vouloir*, est irrégulier à la 3e personne du singulier :
quero, queres, quer, queremos, querem.

CHAPITRE 10 : LE PRÉSENT DE L'INDICATIF

10 Les syllabes de quatre verbes se sont éparpillées, recomposez-les.

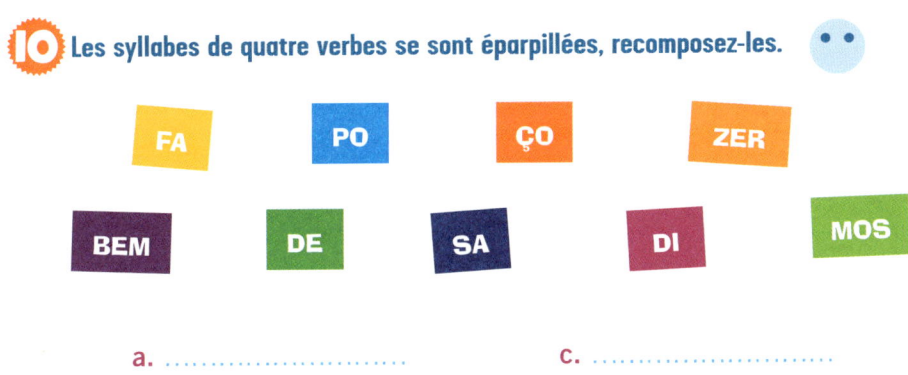

a. ....   c. ....
b. ....   d. ....

11 Des verbes portugais et leur traduction se sont mélangés : retrouvez les cinq paires.

faz   digo   trazem   sei   pedimos

je sais   ils apportent   je dis   nous demandons   elle fait

a. .... = ...
b. .... = ...
c. .... = ...
d. .... = ...
e. .... = ...

12 Comment dit-on en portugais... ?

a. je peux → ....
b. je fais → ....
c. j'apporte → ....
d. vous pouvez (vouvoiement) → ....
e. nous voulons → ....

CHAPITRE 10 : LE PRÉSENT DE L'INDICATIF

13. Complétez les phrases suivantes avec les verbes conjugués au présent de l'indicatif.

a. - Você .... (trazer) um bolo?
   - Eu .... (trazer), sim.

b. Nós .... (saber) o que ela .... (fazer).

c. - Quem .... (querer) água?
   - Eu .... (querer) por favor!

d. Eu .... (dizer) a verdade, mas ele não .... (dizer)!

e. - Tu .... (poder) vir à festa?
   - Eu não .... (saber).

f. Eu .... (pedir) desculpa, mas não .... (poder).

Bravo, vous êtes venu à bout du chapitre 10 ! Il est maintenant temps de comptabiliser les icônes et de reporter le résultat en page 128 pour l'évaluation finale.

Vouvoyer et donner des indications

Le vouvoiement

En portugais, il existe plusieurs façons de vouvoyer :
- On peut utiliser **você** qui est plutôt familier : **Você é bombeiro?** *Vous êtes pompier ?*
- **Vocês** est un *vous* collectif (plusieurs personnes qu'on tutoie ou qu'on vouvoie) :
  Vocês vão assistir à conferência? *Vous allez assister à la conférence ?*
- Pour un vouvoiement plus formel et respectueux, on utilisera **o senhor** ou **a senhora** selon si notre interlocuteur est un homme ou une femme. Et, si nous nous adressons à plusieurs personnes, on emploiera les formes plurielles **os senhores/as senhoras** :
  O senhor pode ajudar-me? *Pouvez-vous m'aider (monsieur) ?*
  As senhoras sabem onde fica a farmácia? *Savez-vous où se trouve la pharmacie (mesdames) ?*
- **À noter** : toutes ces formes se conjuguent à la 3ᵉ personne (du singulier ou du pluriel selon le nombre d'interlocuteurs). On peut d'ailleurs employer directement le verbe :
  Dá aulas de inglês? *Vous donnez des cours d'anglais ?*

1 Choisissez la forme de vouvoiement qui convient selon les critères (familier ou formel).

| Você | Vocês | O senhor | A senhora | Os senhores | As senhoras |

Familier   **Formel**

a. .... vão à conferência?   e. .... é professora de inglês?

b. .... sabe onde estamos?   f. .... falam português?

c. .... falam português?   g. .... é ator?

d. .... quer água?   h. .... são brasileiras?

CHAPITRE 11 : VOUVOYER ET DONNER DES INDICATIONS

2 Reconstituez les phrases suivantes.

a. A / aulas / senhora / de / português / dá / ? ....

b. cansados / estão / Vocês / ? ....

c. fica / Sabe / cinema / onde / o / ? ....

d. farmácia / à / Os / vão / senhores / ? ....

3 Posez des questions en vouvoyant.

Ex. familier/partir amanhã → Você parte amanhã?

a. formel/femmes/poder ajudar-me → ....?

b. familier/praticar desporto → ....?

c. familier/collectif/viver em Londres → ....?

d. formel/femme/ter filhos → ....?

e. formel/homme/ser americano → ....?

Ir para/ir a, aller à

- **Ir para** → longue durée ou destination :
  Vai para o Brasil, vai viver lá. → *Il va au Brésil, il va y vivre.*
  Este autocarro vai para o centro da cidade. → *Ce bus va au centre-ville.*
- **Ir a** → courte durée :
  Vou a Lisboa, vou fazer compras. → *Je vais à Lisbonne, je vais faire des courses.*
- La préposition **a** se contracte avec les articles définis **o, a, os/as** *(le, la, les)* :

a + o = ao	a + a = à	a + os = aos	a + as = às
à + le = au	à + la = à la	à + les = aux	

  Vou ao museu. → *Je vais au musée.*
  Vais à piscina? → *Tu vas à la piscine ?*
  Vamos aos correios. → *Nous allons à la Poste.*
  Os alunos assistem às aulas de português. → *Les élèves assistent aux cours de portugais.*
- Évidemment, lorsqu'il n'y a pas d'article, la préposition reste telle quelle :
  Vou a Paris passar férias e ela vai a Portugal. → *Je vais à Paris passer des vacances et elle va au Portugal.*

CHAPITRE 11 : VOUVOYER ET DONNER DES INDICATIONS

4 Dans chaque phrase, sélectionnez la bonne préposition.

a. Vou **para a/à** padaria comprar pão.   c. O autocarro vai **para o/ao** centro da cidade.
b. Vão morar **para/a** Londres.   d. Vamos **para o/ao** supermercado fazer compras.

5 Complétez avec la préposition qui convient : *para* ou *a* (et ses formes contractées).

a. Vamos viver .... Portugal.
b. Vou .... Lisboa visitar amigos.
c. O autocarro .... Faro parte às 11 horas.
d. A Natália vai trabalhar .... Angola.
e. Os alunos vão .... museu.

6 Complétez avec la préposition *a* ou ses formes contractées *ao(s)/à(s)*.

a. Vai .... correios.
b. Os alunos vão .... escola todos os dias.
c. Vais .... parque?
d. Assisto .... aulas de francês.
e. Vamos .... Londres.
f. Queres ir .... piscina?
g. Vou .... Portugal passar férias.

7 Complétez ces phrases avec le verbe *ir* conjugué au présent et le lieu qui convient.

Ex. Para comprar livros, ela *vai à livraria*.

| cinema |
| escola |
| farmácia |
| ~~livraria~~ |
| padaria |
| restaurante |
| supermercado |

a. Para comprar pão, eu ....
b. Para aprender, tu ....
c. Para ver um filme, você ....
d. Para fazer compras, nós ....
e. Para comer, eles ....
f. Para comprar medicamentos, vocês ....

CHAPITRE 11 : VOUVOYER ET DONNER DES INDICATIONS

Prendre un moyen de transport

- *Prendre un moyen de transport* se dit **apanhar** um meio de transporte, mais l'expression **ir de** a aussi le sens de *prendre* un transport ou de *aller en* :
  Para ir à universidade, apanho o metro. *Pour aller à l'université, je prends le métro.*
  Para ir ao mercado, vou de autocarro. *Pour aller au marché, je prends le bus.*

- Si on parle d'un moyen de transport particulier, on utilisera l'expression **ir em** :
  Vou no autocarro 17 para ir à praia. *Je prends le bus 17 pour aller à la plage.*
  Vamos no barco das 8h10. *Nous prenons le bateau de 8 h 10.*

Les transports

avião	avion
autocarro	bus
barco	bateau
bicicleta	vélo
camião	camion
carro	voiture
comboio	train
elétrico	tramway
ir a pé	aller à pied
metro	métro
mota	moto
táxi	taxi

8 Complétez avec *apanhar* et *ir de* au présent de l'indicatif.

apanhar

a. Eu .... o metro.

b. Você .... o elétrico ?

c. Nós .... o autocarro.

ir de

d. Eu .... metro.

e. Você .... táxi ?

f. Nós .... autocarro.

9 Complétez les phrases suivantes avec les prépositions *de* ou *a* (et ses formes contractées).

a. Para ir .... supermercado, eu vou .... carro.

b. Para ir .... praia, tu vais .... bicicleta.

c. Para ir .... correios, ele vai .... pé.

d. Para ir .... centro da cidade, você vai .... mota.

e. Para ir .... Lisboa, nós vamos .... avião.

f. Para ir .... compras, elas vão .... autocarro.

CHAPITRE 11 : VOUVOYER ET DONNER DES INDICATIONS

10 **Dans chaque phrase, sélectionnez la bonne option.**

a. Vou **de/no** carro.
b. Vamos **de/na** minha mota.
c. Vais **de/no** avião da porta 5.
d. Vai **de/na** bicicleta.
e. Vamos **de/no** comboio das 9 horas.
f. Vou **de/no** autocarro n.°34.

11 **Complétez avec *de* ou *em* (et ses formes contractées).**

1. Vou .... meu carro.
2. Vamos .... barco.
3. Vai .... bicicleta do Paulo.
4. Vão .... elétrico 28.

12 **Retrouvez le nom des moyens de transport suivants.**

a. .... b. .... c. .... d. .... e. ....

f. .... g. .... h. .... i. .... j. ....

Donner des indications

- Pour donner des indications sans utiliser l'impératif, on peut avoir recours au verbe **dever** ou à l'expression **ter de** qui signifient *devoir* :
  Você deve apanhar o metro. *Vous devez prendre le métro.*
  Você tem de seguir em frente. *Vous devez continuer tout droit.*

- On peut aussi utiliser les expressions **é preciso**, *il faut*, ou **é necessário**, *il est nécessaire*, qui sont directement suivies d'un verbe à l'infinitif :
  É preciso ir de metro. *Il faut prendre le métro.*
  É necessário mudar de linha. *Il est nécessaire de changer de ligne.*

CHAPITRE 11 : VOUVOYER ET DONNER DES INDICATIONS

Donner des indications en ville ou dans les transports

andar/caminhar	marcher	virar à esquerda/ à direita	tourner à gauche/ à droite
apanhar	prendre (un transport)	avenida	avenue
até a	jusqu'à	estação	gare/station
entrar	entrer	linha	ligne
mudar	changer	paragem de autocarro	arrêt de bus
sair	sortir		
seguir em frente	continuer tout droit	praça	place
		rua	rue
seguir	suivre/continuer	rotunda	rond-point
tomar a próxima rua	prendre la prochaine rue		

Remarquez que *prendre* peut se traduire de diverses manières (**tomar, apanhar**...).

13 Reformulez les phrases suivantes en utilisant l'expression *ter de* à la place du verbe *dever*.

a. A senhora deve apanhar o elétrico

→ ....

b. Deves mudar de linha.

→ ....

c. Não devemos seguir pela avenida.

→ ....

d. Devo fazer os exercícios.

→ ....

e. Os senhores devem sair do metro.

→ ....

CHAPITRE 11 : VOUVOYER ET DONNER DES INDICATIONS

14 Complétez les phrases suivantes avec l'expression *ter de* et avec l'infinitif adéquat.

~~ver~~   tomar   seguir   ler   virar   apanhar   praticar

Ex. Você *tem de ver* este filme!

a. Depois da rotunda, o senhor .... à direita.

b. O senhor .... em frente.

c. Vocês .... desporto.

d. As senhoras .... a linha azul do metro.

e. Eu .... a próxima rua à esquerda.

f. Nós .... o jornal.

15 Pour chaque phrase, sélectionnez la bonne traduction.

1. *Il faut changer de ligne.*
   a. É preciso mudar de linha.
   b. É necessário mudar de linha.

2. *Vous devez prendre le métro* (monsieur).
   a. O senhor deve apanhar o metro.
   b. O senhor tem de apanhar o metro.

3. *Tu dois tourner après le rond-point.*
   a. Deves virar depois da rotunda.
   b. Deves virar depois da estação.

4. *L'arrêt se trouve à droite.*
   a. A paragem fica à direita.
   b. A praça fica à esquerda.

5. *Vous devez aller jusqu'à la place du Commerce.*
   a. Deve ir à Praça do Comércio.
   b. Deve ir até à Praça do Comércio.

16 Traduisez les phrases suivantes.

a. Il est nécessaire de sortir du métro.

→ ....

b. Il faut tourner à gauche.

→ ....

c. Nous devons prendre le bus.

→ ....

CHAPITRE 11 : VOUVOYER ET DONNER DES INDICATIONS

17 En vous aidant du plan de métro de Lisbonne, complétez ces petits dialogues avec les mots donnés.

para a	ao	até	estação	fica	mudar	senhor	vermelha
ajudar-me	apanhar	azul	fazer	linha	preciso	tem	visitar

a. – Olhe, desculpe. Como .... para ir ao aeroporto a partir do Rossio?

– A senhora .... de apanhar a linha verde até Alameda e ....
para a linha .... até .... aeroporto.

b. – Queremos .... o museu do azulejo, onde ....?

– Fica perto da .... de Santa Apolónia, na .... azul.

c. – Quero ir .... estação Baixa-Chiado, pode ....?

– Claro! O .... deve entrar no metro Picoas e .... a linha
amarela .... à estação Marquês de Pombal. Depois, é ....
apanhar a linha .... e já está!

Bravo, vous êtes venu à bout du chapitre 11 ! Il est maintenant temps de comptabiliser les icônes et de reporter le résultat en page 128 pour l'évaluation finale.

Exprimer un horaire et parler de son quotidien

Dire l'heure

- Pour dire l'heure, on utilise le verbe **ser** qu'on accorde avec le nombre d'heures :
  Que horas são? *Quelle heure est-il ?*
  É uma hora. *Il est une heure.*
  São quatro (horas) e cinco (minutos). *Il est quatre heures et cinq minutes.*

- Les termes **horas** et **minutos** sont généralement omis :
  São quatro e dez. *Il est quatre heures dix.*
  São cinco menos vinte. *Il est cinq heures moins vingt.*

- On préfère généralement utiliser les nombres de 1 à 12 et on peut, si nécessaire, spécifier le moment de la journée : **São seis da manhã.** *Il est six heures du matin.*

Dire l'heure

da manhã	du matin
da tarde	de l'après-midi
da noite	du soir
em ponto	pile
e meia	et demie
e um quarto	et quart

menos um quarto	moins le quart
meio-dia	midi
meia-noite	minuit

1 Reliez les horloges aux heures qui leur correspondent.

a. São nove menos vinte.

b. É uma e um quarto.

c. São cinco da tarde.

d. É meio-dia e meia.

CHAPITRE 12 : EXPRIMER UN HORAIRE ET PARLER DE SON QUOTIDIEN

2 Corrigez les erreurs des phrases suivantes.

a. São uma hora. → ....
b. São três menos quarto. → ....
c. São dois horas. → ....
d. São oito e meio. → ....
e. São seis menos cinco minutas. → ....

3 Traduisez les phrases suivantes.

a. Il est huit heures du soir. → ....
b. Il est dix heures et demie. → ....
c. Il est minuit. → ....
d. Quelle heure est-il ? → ....
e. Il est sept heures pile. → ....

Exprimer un horaire

- Horaire fixe :
  Tenho encontro à uma. *J'ai rendez-vous à une heure.*
  Ela levanta-se às sete e meia. *Elle se lève à sept heures et demie.*
  Eles almoçam ao meio-dia. *Ils déjeunent à midi.*

- Horaire approximatif :
  Levanto-me por volta das oito./Levanto-me pelas oito. *Je me lève vers huit heures.*
  Eles chegam por volta do meio-dia./Eles chegam pelo meio-dia. *Ils arrivent vers midi.*

- Laps de temps :
  O comboio chega dentro de duas horas. *Le train arrive dans deux heures.*
  Encontramo-nos daqui a vinte minutos. *Nous nous retrouvons d'ici vingt minutes.*

4 Complétez les phrases suivantes avec *à*, *às* ou *ao*.

a. Encontramo-nos .... onze horas.
b. Almoço .... uma hora.
c. Tenho encontro .... meio-dia.
d. Levantam-se .... sete.

CHAPITRE 12 : EXPRIMER UN HORAIRE ET PARLER DE SON QUOTIDIEN

5 Complétez les phrases suivantes avec *pelo*, *pela* ou *pelas*.

a. Chego .... meia-noite.   c. Almoçam .... meio-dia.

b. Parte .... nove.   d. Vão ao cinema .... cinco e dez.

6 Remettez les phrases suivantes dans l'ordre.

a. por / Ela / -dia / do / volta / almoça / meio
→ ....

b. -me / sete / às / e / Levanto / meia
→ ....

c. hora / dentro / uma / de / Chegam
→ ....

d. cinco / O / chega / comboio / pelas
→ ....

e. daqui / Tenho / minutos / encontro / dez / um / a
→ ....

7 Traduisez les phrases suivantes.

a. J'arrive d'ici deux heures. → ....

b. Elle déjeune vers midi. → ....

c. Le train part dans vingt minutes. → ....

d. Nous nous retrouvons à huit heures. → ....

Contar o seu dia-a-dia, *raconter son quotidien*

Tomo um duche e visto-me. *Je prends une douche et je m'habille.*
Aos fins-de-semana, durmo até às 10 horas. *Les week-ends, je dors jusqu'à 10 heures.*
Ao pequeno-almoço, come cereais e bebe um sumo de laranja. *Au petit déjeuner, il mange des céréales et boit un jus d'orange.*
À segunda-feira à tarde, temos aulas de português. *Le lundi après-midi, nous avons cours de portugais.*
Nunca nos deitamos cedo. *Nous ne nous couchons jamais tôt.*

Notez l'irrégularité des verbes **vestir-se** et **dormir** à la 1re personne du singulier du présent de l'indicatif : **v**i**sto-me, vestes-te, veste-se… ; d**u**rmo, dormes, dorme**…

CHAPITRE 12 : EXPRIMER UN HORAIRE ET PARLER DE SON QUOTIDIEN

Le quotidien

acordar	*se réveiller*
levantar-se	*se lever*
lavar-se	*se laver*
tomar um duche	*prendre une douche*
vestir-se/vestir	*s'habiller/porter*
calçar-se	*se chausser*
tomar o pequeno-almoço	*prendre le petit déjeuner*
almoçar	*déjeuner*
jantar	*dîner*
deitar-se	*se coucher*
dormir	*dormir*
cedo	*tôt*
tarde	*tard*

8 **Donnez les contraires des mots suivants.**

a. dormir ➔ ....
b. levantar-se ➔ ....
c. tarde ➔ ....
d. despir-se, *se déshabiller* ➔ ....

9 **Sélectionnez la bonne réponse.**

1. A que horas te levantas?
   a. Deito-me tarde.
   b. Às sete menos um quarto.
2. Tomas o pequeno-almoço?
   a. Sim, tomo um duche.
   b. Claro, como cereais e bebo um sumo de laranja.
3. Em que dia têm aulas de inglês?
   a. À terça-feira.
   b. Às três da tarde.

CHAPITRE 12 : EXPRIMER UN HORAIRE ET PARLER DE SON QUOTIDIEN

10 Complétez avec le pronom réfléchi qui convient.

　　　me　　te　　se　　nos

a. A que horas .... deitam?
b. Nunca .... visto antes do pequeno-almoço.
c. Vestimo-............ muito rápido.
d. Levantas-............ cedo?
e. Calça-............ antes de partir.

11 À quelles questions correspondent ces réponses ?

a. .... ? Lavo-me de manhã.
b. .... ? Deitamo-nos às 23 horas.

12 Décrivez le quotidien de Lola à l'aide des vignettes ci-dessous.

7:15　　　　7:30　　　　7:45　　　　8:00　　　　17:00

a. A Lola .... 7 :15.
b. ....
c. ....
d. A Lola vai à universidade às 8:00.
e. ....

A roupa, *les vêtements*

blusa	chemisier	gravata	cravate
calças	pantalon	saia	jupe
calções	short	sapatos	chaussures
camisa	chemise	ténis/sapatilhas	baskets
camisola	pull	t-shirt	tee-shirt
casaco	manteau/veste	vestido	robe
fato	costume		

75

CHAPITRE 12 : EXPRIMER UN HORAIRE ET PARLER DE SON QUOTIDIEN

13 Conjuguez les verbes suivants au présent de l'indicatif.

a. Eu .... (vestir-se) depois do pequeno-almoço.

b. Quando está calor, ela .... (vestir) uma t-shirt com calções.

c. Aos fins-de-semana, eu .... (dormir) até às 11 horas.

d. Nós .... (dormir) muito.

e. Elas .... (calçar) o número 37.

14 Placez les mots suivants au bon endroit.

visto   camisa   sapatos   calço   vestido   fato

a. Estes .... são confortáveis.

b. O .... é uma roupa muito feminina.

c. Para ir à discoteca, eu .... uma saia e uma blusa.

d. Para praticar desporto, eu .... ténis.

e. Para ir a um casamento, ele veste um .... e uma .... branca.

15 Complétez la grille avec les traductions des mots donnés et découvrez le mot mystère.

1. pull
2. jupe
3. manteau
4. cravate
5. baskets
6. **mot mystère :**

CHAPITRE 12 : EXPRIMER UN HORAIRE ET PARLER DE SON QUOTIDIEN

Exprimer la fréquence

- Remarquez l'emploi de **à(s)** et **ao(s)** qui indiquent qu'il s'agit d'un événement habituel et régulier : **Ao sábado de manhã, vou ao ginásio.** *Le samedi matin, je vais au gymnase.*
- S'il s'agit d'un événement occasionnel, on emploiera **no(s)** et **na(s)** : **Eles casam-se no sábado.** *Ils se marient samedi.*
- Pour exprimer un fait régulier, on peut aussi avoir recours à **todos os/todas as**, *tous les /toutes les* :
Trabalho todos os dias. *Je travaille tous les jours.*
Todos os domingos, vou à piscina. *Chaque dimanche, je vais à la piscine.*

La fréquence

sempre	toujours		
diariamente	quotidiennement/ tous les jours	de vez em quando	de temps en temps
frequentemente	fréquemment	raramente	rarement
muitas vezes	souvent	quase nunca	presque jamais
às vezes	parfois	nunca	jamais

16 Complétez les phrases suivantes avec *à(s)* ou *ao(s)*.

a. ………… sábado de manhã, vai à piscina.

b. Temos aulas de economia ………… quinta-feira.

c. ………… segundas-feiras à noite, dou aulas de salsa.

d. Dormem muito ………… domingos.

CHAPITRE 12 : EXPRIMER UN HORAIRE ET PARLER DE SON QUOTIDIEN

17 **Formez des phrases à partir des éléments donnés.**

Ex. f. No domingo à tarde, vai a um casamento.

Habituel

a. Segunda-feira / tarde / ir ao ginásio / (elas)

➜ ....

b. Quarta-feira / manhã / ter aulas de português / (eu)

➜ ....

c. Domingos / acordar / 11 horas / (ele)

➜ ....

Occasionnel

d. Sexta-feira / 20 horas / jantar com amigos / (nós).

➜ ....

e. Sábado / noite / ir à discoteca / (eu)

➜ ....

f. Domingo / tarde / ir a um casamento / (ela)

➜ ....

18 **Classez ces événements du plus fréquent au moins fréquent.**

○ **a.** Às vezes vão passear no parque.   ○ **c.** Sempre me levanto cedo.

○ **b.** Nunca durmo mais de 10 horas.   ○ **d.** Vamos ao cinema todos os sábados.

19 **Traduisez en portugais les mots suivants.**

a. rarement ➜ ....

b. quotidiennement ➜ ....

c. souvent ➜ ....

d. presque jamais ➜ ....

e. de temps en temps ➜ ....

f. tous les dimanches ➜ ....

CHAPITRE 12 : EXPRIMER UN HORAIRE ET PARLER DE SON QUOTIDIEN

20 Remettez les phrases suivantes dans l'ordre.

a. ao / quartas / ginásio / Todas / vou / feiras / as

➔ ....

b. Todas / aulas / semanas / português / as / de / temos

➔ ....

c. dois / passa / metro / minutos / O / em / dois / de

➔ ....

21 Complétez avec *todos os* ou *todas as*.

a. Janta no restaurante .... sábados.

b. Tomo o pequeno-almoço .... manhãs.

c. .... dias passeamos no parque.

Costumar, *avoir l'habitude de*

Pour dire *avoir l'habitude de*, on peut employer le verbe **costumar** ou l'expression **ter o hábito de** :
Costumo sair com amigas à quinta-feira. *J'ai l'habitude de sortir avec des amies le jeudi.*
Temos o hábito de andar de bicicleta. *Nous avons l'habitude de faire du vélo.*

22 Reprenez ces phrases en utilisant le verbe *costumar*.

a. Tenho o hábito de almoçar tarde.

➔ ....

b. Tens o hábito de sair cedo do trabalho?

➔ ....

c. Você tem o hábito de cantar?

➔ ....

d. Temos o hábito de passear.

➔ ....

e. Elas têm o hábito de ir à piscina.

➔ ....

CHAPITRE 12 : EXPRIMER UN HORAIRE ET PARLER DE SON QUOTIDIEN

 23 *Verdadeiro* ou *falso*? Vrai ou faux ? Indiquez si ces affirmations sont vraies ou fausses par rapport aux informations contenues dans l'emploi du temps de Sérgio.

	segunda	terça	quarta	quinta	sexta
manhã	português	inglês	português	desporto	inglês
tarde	economia	português	economia	português	cinema
noite	desporto	dança	cinema	dança	sair com amigos

	VRAI	FAUX
a. O Sérgio tem aulas de português à terça-feira de manhã.	☐	☐
b. Costuma ir ao cinema à quarta-feira.	☐	☐
c. Tem o hábito de dançar à quinta-feira à tarde.	☐	☐
d. Pratica desporto todos os dias.	☐	☐
e. Costuma sair com amigos à sexta-feira à noite.	☐	☐

Bravo, vous êtes venu à bout du chapitre 12 ! Il est maintenant temps de comptabiliser les icônes et de reporter le résultat en page 128 pour l'évaluation finale.

Exprimer des goûts et des opinions

Os alimentos, *les aliments*

bebida	*boisson*
café	*café*
cerveja	*bière*
chá	*thé*
chocolate quente	*chocolat chaud*
leite	*lait*
a refeição	*le repas*
a entrada	*l'entrée*
o prato principal	*le plat principal*
a sobremesa	*le dessert*
arroz	*riz*
batatas	*pommes de terre*
batatas fritas	*frites*
cenoura	*carotte*
feijão verde	*haricots verts*
legumes	*légumes*
a massa	*les pâtes*
o tomate	*la tomate*
sopa	*soupe*
o bacalhau	*la morue*
bife	*bifteck*
carne	*viande*
o camarão	*la crevette*
marisco	*fruits de mer*
ovo	*œuf*

peixe	*poisson*
polvo	*poulpe*
presunto	*jambon sec*
sardinhas assadas	*sardines grillées*
a fruta	*le fruit*
ananás	*ananas*
banana	*banane*
laranja	*orange*
maçã	*pomme*
melancia	*pastèque*
melão	*melon*
o morango	*la fraise*
pera	*poire*
o pêssego	*la pêche*
o gelado	*la glace*
iogurte	*yaourt*
a manteiga	*le beurre*
queijo	*fromage*

À noter : le genre (masculin/féminin) de certains noms d'aliments diffère entre le portugais et le français.

CHAPITRE 13 : EXPRIMER DES GOÛTS ET DES OPINIONS

1. Dans chaque phrase, trouvez l'intrus.

O intruso é... *L'intrus est...*

a. pera, melancia, ananás, pêssego, arroz → ....

b. iogurte, cenoura, leite, manteiga, queijo → ....

c. cerveja, peixe, bacalhau, sardinha, polvo → ....

2. Trouvez quel aliment est décrit.

a. Última parte da refeição → ....

b. Fruto amarelo que tem a forma de um "cê" → ....

c. Bebida quente preparada a partir de plantas → ....

d. Fruto vermelho e redondo mais utilizado como um legume → ....

3. Ces noms d'aliments sont-ils masculins ou féminins ? Ajoutez l'article *o* ou *a*.

a. ...... morango   c. ...... bacalhau   e. ...... carne   g. ...... pêssego

b. ...... sopa   d. ...... camarão   f. ...... massa

4. Complétez avec l'aliment qui correspond à l'image ; le mot mystère apparaîtra dans la colonne jaune.

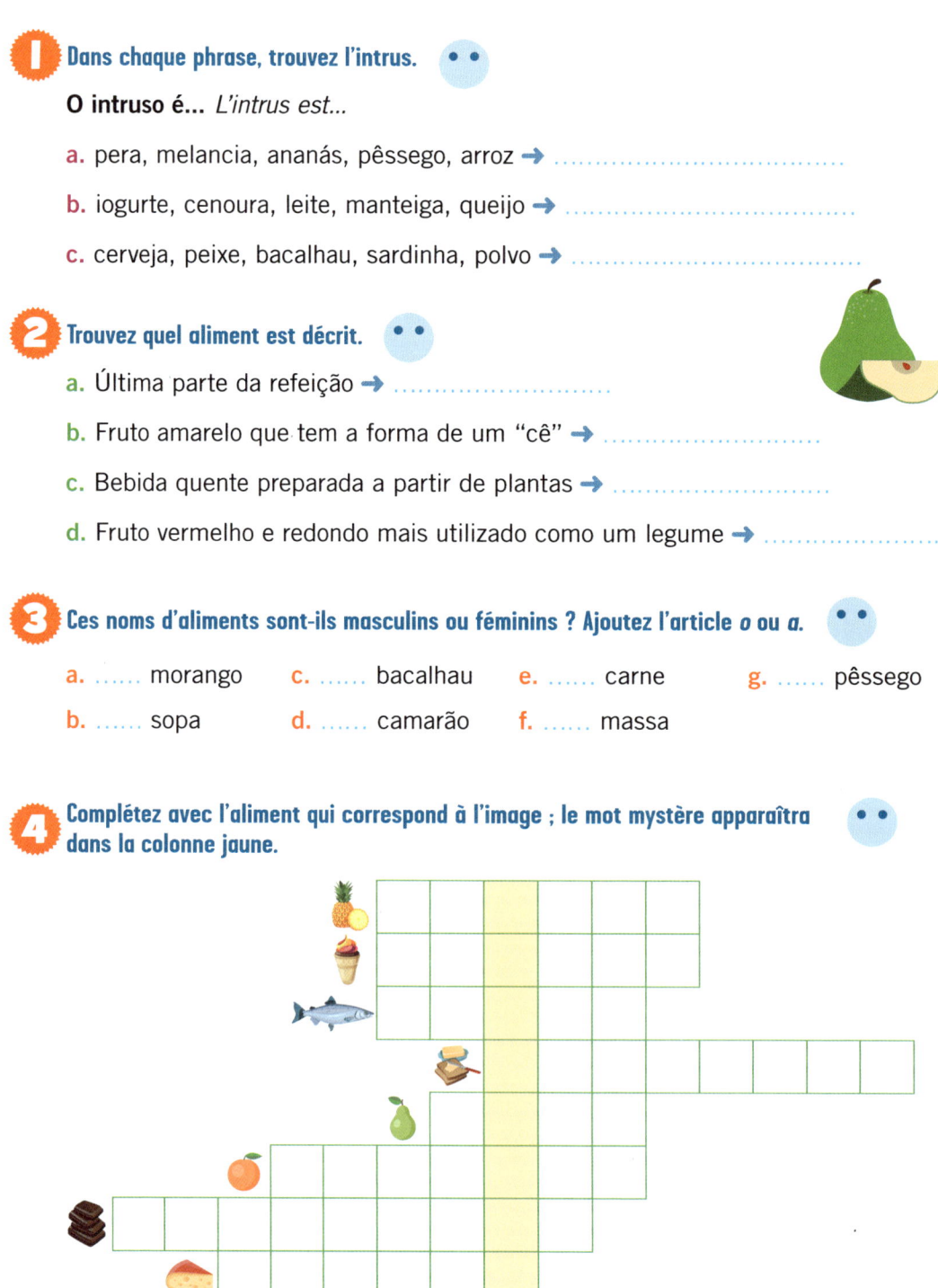

CHAPITRE 13 : EXPRIMER DES GOÛTS ET DES OPINIONS

Exprimer ses goûts et ses préférences

- Remarquez la construction du verbe **gostar**, *aimer* : il doit être accompagné de la préposition **de**.
  O que gostas <u>de</u> comer? *Qu'est-ce que tu aimes manger ?*
  Gosto <u>de</u> comer pão com manteiga e adoro beber café com leite.
  J'aime manger du pain avec du beurre et j'adore boire du café au lait.
  Gostamos <u>dos</u> morangos franceses. *Nous aimons les fraises françaises.*
  As crianças gostam imenso <u>de</u> batatas fritas! *Les enfants aiment énormément les frites !*
- Le verbe **preferir** est irrégulier à la 1re personne du singulier :
  Prefiro legumes. *Je préfère les légumes.*
- Le verbe **odiar**, *détester*, est très irrégulier au présent de l'indicatif :
  odeio, odeias, odeia, odiamos, odeiam.
  Não gosta nada de carne, até odeia!
  Il n'aime pas du tout la viande, il déteste même !

Banque de mots

adorar	adorer
detestar/odiar	détester
gostar **de** alguma coisa	aimer quelque chose
imenso	énormément
nada	pas du tout/rien
preferir	préférer

5 Reliez les questions et les réponses.

1. Qual é a tua fruta preferida?
2. De que gostas?
3. Vocês gostam de melancia?
4. Queres peixe?

a. Gosto de fruta.
b. Não, prefiro comer sopa.
c. Imenso! Adoramos!
d. Maçã / maçãs.

6 Reliez les traductions qui se correspondent.

1. Elle n'aime rien.
2. Elle n'aime pas du tout.
3. Nous aimons énormément la soupe.
4. Je déteste le café.
5. Ils préfèrent le thé.

a. Não gosta nada.
b. Gostamos imenso de sopa.
c. Preferem chá.
d. Não gosta de nada.
e. Odeio café.

CHAPITRE 13 : EXPRIMER DES GOÛTS ET DES OPINIONS

 De que gostam? Qu'aiment-ils ? Faites des phrases à partir des symboles suivants.
Aimer 👍, **ne pas aimer** 👎, **adorer** ❤, **détester** ⚡, **préférer** ★.

a. Nós	★	🍈		e. Nós	⚡	🍟
b. Eu	❤	🍓		f. A Catarina	👍	🥕
c. As crianças	👍	🍫		g. Eu	★	🍙
d. Tu	👎	🧀				

a. Nós preferimos melão.

b. ....

c. ....

d. ....

e. ....

f. ....

g. ....

Donner son opinion

- **O que pensas deste realizador? Acho que ele faz bons filmes.**
  Que penses-tu de ce réalisateur ? Je trouve qu'il fait de bons films.
  Estás enganado. Não concordo contigo. *Tu te trompes. Je ne suis pas d'accord avec toi.*

achar	trouver/croire	é verdade	c'est vrai
claro/com certeza	bien sûr	exatamente	exactement
com efeito	en effet	na minha opinião/a meu ver	à mon avis
crer	croire		
estar de acordo/ concordar	être d'accord	pensar	penser
		supor	supposer
estar enganado/ errado	se tromper/ avoir tort	ter razão	avoir raison

CHAPITRE 13 : EXPRIMER DES GOÛTS ET DES OPINIONS

À noter :
- Le verbe **supor** dérive de **pôr**, *mettre/poser*, et se conjugue donc de la même façon : **ponho, pões, põe…** (pôr) → **suponho, supões, supõe…** (supor).
- Le verbe **crer** est irrégulier : **creio, crês, crê, cremos, creem**.
- À la forme négative, les verbes d'opinion sont suivis du subjonctif, comme c'est le cas en français : **Não acho que ele faça bons filmes.** *Je ne trouve pas qu'il fasse de bons films.* (voir chapitre 14)

8 Traduisez les phrases suivantes.

a. Com certeza, tens razão!

➜ ....

b. Qual é a tua opinião?

➜ ....

c. Creio que sim.

➜ ....

d. Nós supomos que ele está de acordo.

➜ ....

e. Elas pensam que é verdade.

➜ ....

9 Conjuguez les verbes suivants au présent de l'indicatif.

a. Você .... (estar) errado.

b. Eu .... (supor) que é um bom filme.

c. Nós .... (achar) que o surf é o melhor desporto aquático.

d. Claro! Eu .... (crer) que pode ser útil.

CHAPITRE 13 : EXPRIMER DES GOÛTS ET DES OPINIONS

Comigo, contigo…, Avec moi, avec toi…

Pois é, Senhor Marques, concordo consigo.
En effet, Monsieur Marques, je suis d'accord avec vous.
Queres vir connosco? *Tu veux venir avec nous ?*

comigo	avec moi
contigo	avec toi
com ele/ com ela	avec lui/avec elle
consigo	avec vous (vouvoiement)

connosco	avec nous
convosco/ com vocês	avec vous (collectif)
com eles/ com elas	avec eux/avec elles

10. Reliez les phrases qui vont ensemble.

1. Vais comigo à piscina?
2. O que acham?
3. Com quem vais à festa?
4. A médica quer falar consigo, Senhor Pinto.
5. Queres sair com eles?
6. Onde é que vocês vão?

a. Vou com o meu amigo João.
b. Claro, vou contigo.
c. À praia. Queres ir connosco?
d. Vou já falar com ela.
e. Concordamos convosco.
f. Não, prefiro ficar contigo.

11. Traduisez en portugais les phrases suivantes.

a. Tu veux venir avec moi ? → ....
b. Je préfère aller avec eux. → ....
c. Je suis d'accord avec toi. → ....
d. Ils veulent travailler avec nous ? → ....

Bravo, vous êtes venu à bout du chapitre 13 ! Il est maintenant temps de comptabiliser les icônes et de reporter le résultat en page 128 pour l'évaluation finale.

14
Le présent du subjonctif

La formation du présent du subjonctif

On forme le présent du subjonctif à partir du radical de la 1re personne du singulier du présent de l'indicatif et on remplace les terminaisons par :
e, es, e, emos, em, pour les verbes en **ar**,
a, as, a, amos, am, pour les verbes en **er** et **ir**.
La mécanique est donc la suivante :

infinitif	présent de l'indicatif	présent du subjonctif
cant<u>ar</u>	**eu canto**, *je chante*	**para que eu cante**, *pour que je chante*
beb<u>er</u>	**eu bebo**, *je bois*	**para que tu bebas**, *pour que tu boives*
part<u>ir</u>	**eu parto**, *je pars*	**para que nós partamos**, *pour que nous partions*

1 Complétez ce tableau avec les infinitifs et le présent du subjonctif.

			abrir
eu			
tu	compres		
ele/ela / você			
nós		comamos	
eles/elas / vocês			

2 Donnez l'infinitif des verbes suivants et entourez la forme verbale qui est au présent du subjonctif.

a. .... cantamos/cantemos

b. .... partes/partas

c. .... bebem/bebam

d. .... fale/falo

e. .... assistamos/assistimos

f. .... vive/viva

CHAPITRE 14 : LE PRÉSENT DU SUBJONCTIF

3 Pour chaque proposition, entourez l'intrus.

a. abram / participa / cantes

b. vou / pense / partam

c. escrevam / fechem / vendem

Pour bien former le présent du subjonctif…

Attention aux verbes irréguliers à la 1re personne du singulier au présent de l'indicatif : ils conserveront le même **radical** suivi des **terminaisons** du présent du subjonctif, d'où l'importance de passer par cette 1re personne du singulier !

infinitif	présent de l'indicatif	présent du subjonctif
ter	eu tenho, j'ai	para que eu tenha, pour que j'aie
dizer	eu digo, je dis	para que tu digas, pour que tu dises
ver	eu vejo, je vois	para que nós vejamos, pour que nous voyions
preferir	eu prefiro, je préfère	para que elas prefiram, pour qu'elles préfèrent

4 Ajoutez l'infinitif et donnez la forme au présent du subjonctif en vous aidant de la 1re personne du singulier du présent de l'indicatif.

infinitif	indicatif	subjonctif
1. ……………………	eu vejo	eu ……………………
2. ……………………	eu tenho	nós ……………………
3. ……………………	eu durmo	tu ……………………
4. ……………………	eu posso	vocês ……………………
5. ……………………	eu visto	eles ……………………
6. ……………………	eu peço	ela ……………………
7. ……………………	eu leio	eu ……………………

CHAPITRE 14 : LE PRÉSENT DU SUBJONCTIF

 Complétez ce tableau avec le présent du subjonctif.

	fazer	poder	ter	vir
eu			tenha	
tu	faças			
ele/ela/você				venha
nós				
eles/elas/vocês		possam		

 Indiquez si les verbes suivants sont au présent de l'indicatif ou au présent du subjonctif.

	INDICATIF	SUBJONCTIF			INDICATIF	SUBJONCTIF
a. penso	☐	☐	i. digam		☐	☐
b. adore	☐	☐	j. faça		☐	☐
c. falamos	☐	☐				
d. possamos	☐	☐				
e. tenhas	☐	☐				
f. tem	☐	☐				
g. prefiro	☐	☐				
h. pode	☐	☐				

Quelques verbes irréguliers

Les verbes **ser**, **estar** et **ir** sont irréguliers au présent du subjonctif :

	ser	estar	ir
eu	seja	esteja	vá
tu	sejas	estejas	vás
ele/ela/você	seja	esteja	vá
nós	sejamos	estejamos	vamos
eles/elas/vocês	sejam	estejam	vão

CHAPITRE 14 : LE PRÉSENT DU SUBJONCTIF

7 Les verbes soulignés sont-ils bien conjugués ? En cas d'erreur, donnez la bonne réponse.

a. Desejam que ela <u>vás</u> com eles. *Ils souhaitent qu'elle aille avec eux.*
   OUI   NON

b. Quero que <u>seja</u> mais rápido. *Je veux que ce soit plus rapide.*
   OUI   NON

c. Talvez eles <u>estejamos</u> zangados. *Ils sont peut-être fâchés.*
   OUI   NON

8 Placez les verbes donnés ci-dessous dans les phrases puis complétez les traductions en français.

   vá   esteja   estejamos   sejam

a. É importante que nós .... concentrados.

→ Il est important que .... concentrés.

b. Não acho que ele .... a dormir.

→ Je ne crois pas qu'il ....

c. Talvez eu .... ao cinema.

→ Je .... peut-être ....

d. Esperamos que os exercícios não .... difíceis.

→ Nous espérons que ....

L'emploi du présent du subjonctif

L'emploi du présent du subjonctif en portugais est assez proche de celui du français. On l'utilise dans divers cas, entre autres après :

- **para que**, *pour que*
- **talvez**, *peut-être*
- des verbes ou des expressions qui expriment le souhait :
  - **desejar**, *désirer/souhaiter*
  - **esperar**, *espérer*
  - **preferir**, *préférer*
  - **querer**, *vouloir*

  + que

- des verbes ou des expressions exprimant le doute et la crainte :
  duvidar que, *douter que* ; **ter medo que**, *avoir peur que*
- des verbes d'opinion à la négative : **não pensar que, não achar que, não crer que, não acreditar que**, etc.

CHAPITRE 14 : LE PRÉSENT DU SUBJONCTIF

9 **Soulignez les expressions qui introduisent le présent du subjonctif.**

a. **Quero que dancemos kizomba.** *Je veux que nous dansions la kizomba.*
b. **Talvez sejam moçambicanos.** *Ils sont peut-être mozambicains.*
c. **Aprendo português para que possa viajar nos países lusófonos.**
J'apprends le portugais pour que je puisse voyager dans les pays lusophones.

10 **Quels verbes exprimant le souhait et le doute commencent par un D ?**

a. D __ __ E __ __ __   b. D __ V __ __ __ __

11 **Indiquez pourquoi on utilise le subjonctif à l'aide des « étiquettes emploi » ci-dessous.**

Souhait   Doute   Crainte   Verbes d'opinion à la négative

a. Tenho medo que a piscina esteja fechada. → ....
b. Não acho que ele tenha muitos amigos. → ....
c. Esperamos que estejam bons. → ....
d. Duvido que faças tudo. → ....
e. Preferem que vamos à praia. → ....

12 **Transformez les phrases suivantes à la forme négative en faisant les changements nécessaires, comme dans l'exemple.**

Ex. Achas que ele pode vir? → Não achas que ele possa vir?

a. Acho que é importante.
→ Não acho que .... importante.

b. Pensam que eles estão doentes.
→ Não pensam que ....

c. Acredito que ela vai dançar o samba.
→ ....

91

CHAPITRE 14 : LE PRÉSENT DU SUBJONCTIF

 Deux phrases sont mal traduites ; lesquelles ?

a. Tenho medo que os jogadores estejam cansados.
→ *Je doute que les joueurs soient fatigués.*

b. Talvez estejam no estádio.
→ *Ils sont peut-être au stade.*

c. Quero que vistas a camisola da seleção portuguesa.
→ *Je veux que tu portes le maillot de la sélection portugaise.*

d. Espero que ele vá marcar um golo!
→ *Peut-être qu'il va marquer un but !*

A casa, *la maison*

apartamento	appartement
casa	maison
casa de banho	salle de bains
cozinha	cuisine
divisão	pièce
entrada	entrée
escritório	bureau
garagem	garage
jardim	jardin
mudar de casa	déménager
quarto	chambre
sala de estar	salon
sala de jantar	salle à manger

 Ajoutez les lettres manquantes pour reconstituer les mots puis reliez-les à l'image correspondante.

a. co_ _ nha   b. _ _ trada   c. jar_ _ _   d. ca_ _ de ba_ _ _

CHAPITRE 14 : LE PRÉSENT DU SUBJONCTIF

15 Dans quelles pièces de la maison trouve-t-on ces objets ?

a. o carro   b. o sofá   c. o computador   d. a cama

....

16 Faut-il utiliser le présent de l'indicatif ou du subjonctif ? Entourez le verbe correct.

a. Queremos uma casa que **tem**/**tenha** um jardim.
b. Acho que a casa **se encontra**/**se encontre** perto da escola.
c. Talvez **mudamos**/**mudemos** de casa.
d. Os quartos **têm**/**tenham** muito espaço.
e. Esta cozinha **está**/**esteja** bem equipada.
f. Tenho medo que os quartos não **são**/**sejam** luminosos.
g. Quer um escritório para que **pode**/**possa** trabalhar.

17 Les mots de cette phrase se sont collés, séparez-les, découvrez la phrase cachée et donnez sa traduction.

desejamosqueacasasejaluminosaequetenhadoisquartos

→ ....

....

Bravo, vous êtes venu à bout du chapitre 14 ! Il est maintenant temps de comptabiliser les icônes et de reporter le résultat en page 128 pour l'évaluation finale.

L'impératif : donner des ordres et des conseils

L'impératif à *você* et *vocês*

On utilise l'impératif aussi bien pour donner un ordre ou une consigne, un conseil ou une recommandation, que pour interdire ou encore faire une demande.

Aux 3es personnes du singulier et du pluriel (**você**, *vous* de vouvoiement et **vocês**, *vous* collectif), le verbe à l'impératif aura la même forme qu'au présent du subjonctif :

	passar	escrever	partir
você	passe	escreva	parta
vocês	passem	escrevam	partam

Voici quelques exemples :

infinitif	impératif *você*	impératif *vocês*	
fumar	Não fum**e**!	Não fum**em**!	*Ne fumez pas !*
tirar	Não tir**e** fotografias!	Não tir**em** fotografias!	*Ne prenez pas de photographies !*
abrir	Abr**a** a janela!	Abr**am** a janela!	*Ouvrez la fenêtre !*
ser	Seja paciente!	Sejam pacientes!	*Soyez patient(s) !*

 **Dans quels lieux peut-on trouver ces obligations et ces interdictions ? Reliez les deux éléments.**

1. Não alimente os animais. •
2. Respeite o silêncio nas salas de leitura. •
3. Não faça piqueniques depois das 17 horas. •
4. Seja pontual e assíduo. •
   (Soyez ponctuel et assidu)
5. Preencha a ficha de inscrição. •
   (Remplissez la fiche d'inscription)

• a. biblioteca
• b. escola
• c. parque
• d. ginásio
• e. jardim zoológico, *zoo*

CHAPITRE 15 : L'IMPÉRATIF : DONNER DES ORDRES ET DES CONSEILS

2 Rédigez les interdictions représentées par les panneaux avec l'impératif *(você)*.

a. Não use o telemóvel!

b. .... álcool!

c. ....

d. ....

3 Reformulez ces consignes sur le thème de la banque avec l'impératif à la 3ᵉ personne du pluriel *(vocês)*.

a. Proceder ao pagamento *(procéder au paiement)*
→ ....

b. Inserir o cartão *(insérer la carte bancaire)*
→ ....

c. Assinar o contrato *(signer un contrat)*
→ ....

d. Abrir uma conta corrente *(ouvrir un compte courant)*
→ ....

e. Fazer uma transferência bancária *(faire un virement bancaire)*
→ ....

CHAPITRE 15 : L'IMPÉRATIF : DONNER DES ORDRES ET DES CONSEILS

L'impératif à la 2ᵉ personne du singulier (tu)

L'impératif à **la seconde personne du singulier** aura une forme différente selon qu'il est **affirmatif** ou **négatif** :

- L'impératif **affirmatif** à **tu** est identique à la 3ᵉ personne du singulier (**ele/ela**) du présent de l'indicatif :

présent de l'indicatif	impératif
ele/ela canta, il/elle chante	(tu) Canta! Chante !
ele/ela tem cuidado, il/elle fait attention	(tu) Tem cuidado! Fais attention !

Attention : Seul le verbe **ser** est irrégulier : **Sê paciente!** *Sois patient !*

- L'impératif **négatif** équivaut à la 2ᵉ personne du singulier du présent du subjonctif :

présent du subjonctif	impératif
para que tu cantes, pour que tu chantes	(tu) Não cantes!, Ne chante pas !
para que tu não tenhas medo, pour que tu n'aies pas peur	(tu) Não tenhas medo!, N'aies pas peur !

4 Classez ces impératifs selon qu'ils sont affirmatifs (+) ou négatifs (−).

a. Faz os exercícios!
b. Não faças isso!
c. Não partas!
d. Vem connosco!
e. Fecha a porta!
f. Não sejas impaciente!

| + |
| − |

5 Traduisez les impératifs de l'exercice précédent.

a. ....
b. ....
c. ....
d. ....
e. ....
f. ....

CHAPITRE 15 : L'IMPÉRATIF : DONNER DES ORDRES ET DES CONSEILS

6 Júlia a demandé des conseils à son ami coach sportif, mais, quand elle reçoit ses SMS, certains mots ont disparu. Aidez-la à les compléter avec les verbes à l'impératif *(tu)*.

a. .... (ser) determinada! *Sois déterminée !*

b. .... (nadar) uma vez por semana. *Nage une fois par semaine.*

c. .... (beber) muita água. *Bois beaucoup d'eau.*

d. Não .... (correr) depois do almoço! *Ne cours pas après le déjeuner !*

e. .... (ter) cuidado com a tua alimentação. *Fais attention à ton alimentation.*

f. Não .... (fumar)! *Ne fume pas !*

g. .... (pôr) protetor solar quando está sol. *Mets de la crème solaire quand il y a du soleil.*

h. .... (dormir) bem para recuperar. *Dors bien pour récupérer.*

Rappel : la place du pronom

Pensez à bien placer le pronom des verbes pronominaux ! À l'**affirmative**, le pronom se place **après** le verbe, mais, à la **négative**, on le met **avant** le verbe :
Levanta-te!, *Lève-toi !*
Não te escondas!, *Ne te cache pas !*

7 Mettez les verbes à l'impératif *tu* affirmatif (+) ou négatif (−) en plaçant correctement le pronom *te*.

+	−
a. calar-se, *se taire*	c. preocupar-se, *s'inquiéter*
b. vestir-se, *s'habiller*	d. esconder-se, *se cacher*
a.	c. Não ....
b.	d. ....

8 Mettez ces ordres à la forme négative.

a. Senta-te! ➜ Não ....

Assieds-toi ! (sentar-se, *s'asseoir*)

b. Deita-te! ➜ ....

Couche-toi ! (deitar-se, *se coucher*)

CHAPITRE 15 : L'IMPÉRATIF : DONNER DES ORDRES ET DES CONSEILS

O corpo humano, *le corps humain*

a cabeça ....

os olhos ....
as orelhas ....
a língua ....
o pescoço ....

as costas ....

a mão ....
o dedo ....

.... o nariz
.... a boca

.... o braço

.... a barriga

.... a perna

.... o pé

9. Le médecin ausculte le petit Guilherme, que lui dit-il ? Remettez les phrases suivantes dans l'ordre.

a. braços / levanta / os ➔ ....!

b. a / boca / abre ➔ ....!

c. feches / olhos / não / os ➔ ....!

10. Complétez les mots avec le vocabulaire représenté par les images.

a. o _ _ _ _   b. _ _ _ i _   c. _ _ a _ _   d. m _ _   e. _ _ _ a

CHAPITRE 15 : L'IMPÉRATIF : DONNER DES ORDRES ET DES CONSEILS

11 Certaines expressions idiomatiques portugaises sont proches du français : devinez quel mot placer pour compléter celles-ci !

cabeça   olhos   língua   boca   barriga   costas

a. Ficar de .... aberta, *rester bouche bée.*

b. Ser ....-dura, *avoir la tête dure.*

c. Ter algo na ponta da ...., *avoir quelque chose sur le bout de la langue.*

d. Ter as .... largas, *avoir bon dos.*

e. Ter mais .... que ...., *avoir les yeux plus gros que le ventre.*

12 Aidez-vous des indices pour trouver de quelle partie du corps il s'agit, puis découvrez le mot mystère en suivant le code couleur et en devinant la lettre blanche !

a. O da girafa é muito comprido.
Celui de la girafe est très long.
☐ ☐ ☐ ☐ ☐ ☐ ☐

b. Servem para ouvir.
Elles servent à entendre.
☐ ☐ ☐ ☐ ☐ ☐

c. Estão dentro dos sapatos.
Ils sont dans les chaussures.
☐ ☐ ☐

d. Mot mystère :
☐ ☐ ☐ ☐ ☐ ☐

Bravo, vous êtes venu à bout du chapitre 15 ! Il est maintenant temps de comptabiliser les icônes et de reporter le résultat en page 128 pour l'évaluation finale.

Décrire et parler d'habitudes au passé : l'imparfait et les adverbes

O pretérito imperfeito do indicativo, l'imparfait de l'indicatif

On emploie notamment le **pretérito imperfeito** pour décrire et parler d'habitudes au passé, comme c'est le cas avec l'imparfait en français.

Quando eu morava em Lisboa, trabalhava no famoso café *A Brasileira*.
Quand j'habitais à Lisbonne, je travaillais dans le célèbre café A Brasileira.
Antigamente, nós comíamos mais fruta.
Autrefois, nous mangions plus de fruits.

Voici les terminaisons des verbes réguliers à l'imparfait :

	ar	er/ir
eu	ava	ia
tu	avas	ias
ele/ela/você	ava	ia
nós	ávamos	íamos
eles/elas/vocês	avam	iam

À noter :
- Les verbes réguliers en **er** et **ir** ont les mêmes terminaisons : **eu comia**, *je mangeais* ; **eu partia**, *je partais*.
- N'oubliez pas les accents sur les terminaisons de la 1re personne du pluriel : **morávamos**, *nous habitions* ; **comíamos**, *nous mangions*.

1 Soulignez les verbes conjugués à l'imparfait.

    a. Antigamente nós morávamos em Leiria, mas hoje vivemos em Sintra.
       Autrefois, nous habitions à Leiria, mais, aujourd'hui, nous vivons à Sintra.

    b. Quando andava na escola primária, gostava das aulas de geografia.
       Quand j'étais à l'école primaire, j'aimais les cours de géographie.

    c. No século passado, os computadores não existiam.
       Au siècle dernier, les ordinateurs n'existaient pas.

CHAPITRE 16 : DÉCRIRE ET PARLER D'HABITUDES AU PASSÉ : L'IMPARFAIT ET LES ADVERBES

2 Conjuguez les verbes suivants à l'imparfait.

a. Eu/cantar ➜ ....

b. Tu/beber ➜ ....

c. Ele/estar ➜ ....

d. O telefone/existir ➜ ....

e. Nós/ver ➜ ....

f. Eu e a Susana/estudar ➜ ....

g. As crianças/fazer ➜ ....

h. Vocês/ir ➜ ....

3 Simão parle de son enfance et de sa vie actuelle : complétez son récit en plaçant les verbes donnés ci-dessous.

| íamos | via | preparavam | vivia | jogava |

Hoje, eu vivo com a minha mulher em Faro, mas antigamente eu .... com os meus pais em Lisboa. Aos domingos, nunca .... televisão: os meus pais .... um piquenique e nós .... à praia. Naquela época, ... futebol mas agora pratico basquetebol.

Les verbes irréguliers

Il existe quatre verbes irréguliers à l'imparfait :

	ser, être	**ter**, avoir	**pôr**, mettre	**vir**, venir
eu	era	tinha	punha	vinha
tu	eras	tinhas	punhas	vinhas
ele/ela/você	era	tinha	punha	vinha
nós	éramos	tínhamos	púnhamos	vínhamos
eles/elas/vocês	eram	tinham	punham	vinham

Remarquez les accents à la 1ʳᵉ personne du pluriel : **é**ramos, *nous étions* ; **tí**nhamos, *nous avions*, etc.

CHAPITRE 16 : DÉCRIRE ET PARLER D'HABITUDES AU PASSÉ : L'IMPARFAIT ET LES ADVERBES

4 Transformez les phrases suivantes en commençant par *Antigamente*.

a. Eu sou jornalista. → Antigamente .... jornalista.

b. Os meus pais têm um cão.

→ ....

c. Ele põe a mesa.

→ ....

d. Tu vens à festa.

→ ....

5 Repérez les verbes à l'imparfait dans cet extrait du conte *Homero* de Sophia de Mello Breyner Andersen.

" Quando eu era pequena, passava às vezes pela praia um velho louco e vagabundo a quem chamavam o Búzio. O Búzio era como um monumento manuelino: tudo nele lembrava coisas marítimas. (…) Na mão esquerda trazia um grande pau que lhe servia de bordão e era seu apoio nas longas caminhadas. "

« Quand j'étais petite, un vieux fou vagabond, qu'on appelait Búzio, passait parfois sur la plage. Búzio était comme un monument manuélin : tout en lui rappelait des choses maritimes. (…) Dans sa main gauche il tenait un grand bâton qui lui servait de canne et qui était son appui dans ses longues promenades. »

6 Reliez les éléments pour former des phrases.

1. Quando eu era... •   • a. ...eram mais rígidos
2. Quando ele vivia na Madeira,... •   • b. ...criança, brincava com os meus primos.
3. Comias mais... •   • c. ...púnhamos o sapatinho na chaminé.
4. Antigamente, os professores... •   • d. ...quando tinhas 15 anos.
5. No Natal, nós... •   • e. ...trabalhava como guia turístico.

CHAPITRE 16 : DÉCRIRE ET PARLER D'HABITUDES AU PASSÉ : L'IMPARFAIT ET LES ADVERBES

7 Voici deux vers extraits du poème *Ode para o futuro* de Jorge de Sena : conjuguez les verbes à l'imparfait à la 1ʳᵉ personne du pluriel *(nós)* afin de les compléter.

.... (ser) livres. .... (falar), ... (saber),

e .... (amar) serena e docemente.

Nous étions libres. Nous parlions, nous savions, et nous aimions sereinement et doucement.

Les adverbes en *-mente*

Pour former les adverbes en **-mente**, on ajoute le suffixe **-mente** à l'adjectif au féminin :
- **antigo**, *ancien* → **antiga**, *ancienne* → **antigamente**, *autrefois*
- **fácil** → **facilmente**, *facilement*
- **feliz**, *heureux/heureuse* → **felizmente**, *heureusement*

8 Formez les adverbes en *-mente* à partir des adjectifs suivants.

a. raro → ....

b. atual → ....

c. frequente → ....

d. completo → ....

e. feliz → ....

9 Devinez la traduction de ces adverbes.

a. primeiramente → ....

b. simplesmente → ....

c. confortavelmente → ....

d. particularmente → ....

10 Remettez les syllabes dans l'ordre afin de former les adverbes.

a. MEN GA AN TI TE → ....

b. FI MEN NAL TE → ....

c. RA TE PI MEN DA → ....

CHAPITRE 16 : DÉCRIRE ET PARLER D'HABITUDES AU PASSÉ : L'IMPARFAIT ET LES ADVERBES

Les adverbes de temps

agora	*maintenant*	depois de amanhã	*après-demain*
amanhã	*demain*	hoje	*aujourd'hui*
anteontem	*avant-hier*	hoje em dia	*de nos jours*
antes	*avant*	ontem	*hier*
depois	*après*		

11 Classez de manière chronologique les éléments suivants, du plus lointain au plus proche.

a. Amanhã   b. Anteontem   c. Depois de amanhã   d. Hoje   e. Ontem

12 Reliez les contraires.

1. depois
2. parcialmente
3. tarde
4. hoje
5. rapidamente
6. nunca

a. totalmente
b. lentamente
c. sempre
d. antes
e. cedo
f. antigamente

13 Classez les expressions selon qu'elles se rapportent au présent ou au passé.

a. Agora   b. Antigamente   c. No século passado   d. Hoje
e. Na semana passada   f. Atualmente

PASSÉ   PRÉSENT

CHAPITRE 16 : DÉCRIRE ET PARLER D'HABITUDES AU PASSÉ : L'IMPARFAIT ET LES ADVERBES

14 Complétez les phrases avec *atualmente, antigamente, hoje em dia, no século passado*.

a. .... os telemóveis não existiam.

b. .... trabalhamos num restaurante.

c. .... o telemóvel faz parte da nossa vida.

d. .... ela praticava ginástica num clube.

Bravo, vous êtes venu à bout du chapitre 16 ! Il est maintenant temps de comptabiliser les icônes et de reporter le résultat en page 128 pour l'évaluation finale.

17
Exprimer des événements passés avec le prétérit

Le prétérit : verbes réguliers

- **Emploi :** Le **pretérito perfeito simples** est une forme simple (et non composée) qui permet d'exprimer des événements passés. Il équivaut aussi bien au passé simple qu'au passé composé français. On l'utilisera donc dans un langage soutenu, mais aussi dans un langage courant. Ainsi, **Ele nasceu em Lisboa** pourra, selon le contexte ou le registre de langue, se traduire par *Il naquit à Lisbonne* ou par *Il est né à Lisbonne*.

- **Formation :** Mémorisez à présent les terminaisons des verbes réguliers avec les modèles donnés pour chaque groupe (**ar**, **er**, **ir**) :

	comprar, *acheter*	**comer**, *manger*	**assistir**, *assister*
eu	comprei	comi	assisti
tu	compraste	comeste	assististe
ele/ela/você	comprou	comeu	assistiu
nós	comprámos/ compramos	comemos	assistimos
eles/elas/vocês	compraram	comeram	assistiram

Ontem, eu comprei um novo computador. *Hier, j'ai acheté un nouvel ordinateur.*
Eles viveram em Moçambique durante 10 anos. *Ils ont vécu au Mozambique pendant 10 ans.*
Ele já partiu? *Il est déjà parti ?*

❶ Quelle traduction est la plus adaptée pour cette formule de fin de conte de fées puis pour cette phrase du quotidien ?

1. E viveram felizes para sempre.
   a. *Et ils ont vécu heureux (pour toujours).*
   b. *Et ils vécurent heureux (pour toujours).*

2. Comprámos dois bilhetes para o espetáculo.
   a. *Nous avons acheté deux places pour le spectacle.*
   b. *Nous achetâmes deux places pour le spectacle.*

CHAPITRE 17 : EXPRIMER DES ÉVÉNEMENTS PASSÉS AVEC LE PRÉTÉRIT

2 Ajoutez les terminaisons du prétérit.

a. Tu utiliz……… o meu computador? (utilizar) *Tu as utilisé mon ordinateur ?*

b. Nós vend……… o nosso apartamento. (vender) *Nous avons vendu notre appartement.*

c. Eu compreend……… tudo. (compreender) *J'ai tout compris.*

d. Você compr……… um carro novo? (comprar) *Vous avez acheté une nouvelle voiture ?*

e. Ele assist……… à conferência. (assistir) *Il a assisté à la conférence.*

f. Vocês envi……… os documentos? (enviar) *Vous avez envoyé les documents ?*

3 Sélectionnez la bonne traduction.

1. Morou em Braga durante 5 anos.
   a. *J'habite à Braga depuis 5 ans.*
   b. *Il a habité à Braga pendant 5 ans.*

2. Eles beberam o café todo.
   a. *Ils buvaient tout le café.*
   b. *Ils ont bu tout le café.*

3. Ontem, dormi até às 10 horas.
   a. *Hier, j'ai dormi jusqu'à 10 heures.*
   b. *Hier, il a dormi jusqu'à 10 heures.*

4. Vocês já visitaram a Austrália?
   a. *Vous avez un peu visité l'Australie ?*
   b. *Vous avez déjà visité l'Australie ?*

5. Compraste um novo computador?
   a. *Tu as acheté un nouvel ordinateur ?*
   b. *Tu vas acheter un nouvel ordinateur ?*

6. Elas assistiram a um concerto de música clássica.
   a. *Elles assistèrent à un concert de musique classique.*
   b. *Elles ont assisté à un concert de musique classique.*

4 Dans les phrases ci-dessous, certaines formes verbales ne conviennent pas ou n'existent pas : sélectionnez les bonnes. Vous pouvez vous aider de l'infinitif indiqué entre parenthèses.

a. Portugal **ganhei/ganhou** o festival da Eurovisão que **ocorreu/ocorriu** no dia 13 de maio de 2017. (ganhar, ocorrer) *Le Portugal a gagné le festival de l'Eurovision qui a eu lieu le 13 mai 2017.*

b. Salvador Sobral **conseguiu/conseguimos** obter a pontuação máxima com 758 pontos. (conseguir) *Salvador Sobral a réussi à obtenir le meilleur score avec 758 points.*

c. Os espetadores **gostaste/gostaram** da canção Amar pelos dois e **aplauderam/aplaudiram** muito. (gostar, aplaudir) *Les spectateurs ont aimé la chanson* Aimer pour deux *et ont beaucoup applaudi.*

CHAPITRE 17 : EXPRIMER DES ÉVÉNEMENTS PASSÉS AVEC LE PRÉTÉRIT

5 Reformulez ces phrases avec la personne donnée.

a. Eu morei em Tavira durante 3 anos.

→ Ele ....

b. Elas viveram em Moçambique.

→ Nós ....

c. Você já comeu neste restaurante?

→ Tu ....

d. Partimos com os nossos amigos.

→ Eu ....

e. Chegaste ontem?

→ Vocês ....

Rappel phonétique : la diphtongue *ou*

Au prétérit, la terminaison **ou** est la marque de la 3e personne du singulier des verbes en **ar**. Pensez à sa prononciation : à l'inverse du français, le groupe **ou** se prononce [o] en portugais !

    ele morou [**é**le mou**ro**], *il a habité*

Il faut bien distinguer le prétérit et le présent aux 3e et 1re personnes du singulier :

    ele comprou [**é**le kon**pro**], *il a acheté*
    eu compro [**é**ou **kon**prou], *j'achète*

Prononcez bien le groupe **ou** [o] et placez l'accent tonique sur la dernière syllabe (en couleur) pour indiquer qu'il s'agit de la 3e personne du singulier du prétérit.

6 Indiquez si la terminaison des verbes suivants se prononce [o] ou [ou].

	[o]	[ou]
a. observo	☐	☐
b. cantou	☐	☐
c. informou	☐	☐
d. canto	☐	☐
e. falou	☐	☐
f. estudou	☐	☐

CHAPITRE 17 : EXPRIMER DES ÉVÉNEMENTS PASSÉS AVEC LE PRÉTÉRIT

7 Sélectionnez la bonne traduction.

1. Arrumou o quarto.
    a. Je range la chambre.
    b. Il a rangé la chambre.

2. Organizo uma festa.
    a. J'organise une fête.
    b. Il a organisé une fête.

3. Descansou um pouco.
    a. Il se repose un peu.
    b. Il s'est reposé un peu.

Quelques verbes irréguliers au prétérit

	ser, être/ **ir**, aller	**ter**, avoir	**estar**, être	**fazer**, faire
eu	fui	tive	estive	fiz
tu	foste	tiveste	estiveste	fizeste
ele/ela/você	foi	teve	esteve	fez
nós	fomos	tivemos	estivemos	fizemos
eles/elas/vocês	foram	tiveram	estiveram	fizeram

À noter :

Les verbes **ser** et **ir** ont les mêmes formes au prétérit, soyez donc attentif/-ve au contexte pour savoir lequel est employé dans une phrase donnée. Si, malgré le contexte, vous avez du mal à les distinguer, pensez à cette astuce : le verbe **ir** est facilement reconnaissable puisqu'il est suivi d'une préposition (**de**, **a**, **para**).

Les formes verbales de **estar** et **ter** au prétérit sont très semblables : il vous suffit de mémoriser la conjugaison du verbe **ter** et d'ajouter **es** au préambule pour obtenir les formes du verbe **estar**.

8 Indiquez si l'infinitif des verbes est *ser* ou *ir*.

	ser	ir
a. Fui à praia.	☐	☐
b. Fernando Pessoa foi um grande poeta.	☐	☐
c. Foram de carro.	☐	☐

CHAPITRE 17 : EXPRIMER DES ÉVÉNEMENTS PASSÉS AVEC LE PRÉTÉRIT

9 Où sont-ils allés hier ? Faites des phrases comme dans l'exemple pour l'indiquer.

Ex. Eu / mercado → Ontem, eu fui ao mercado.

a. O João e a Rita / exposição

→ Ontem, ...

b. Eu e a Joana / discoteca

→ ....

c. A Cátia / concerto dos D.A.M.A

→ ....

d. Tu / parque

→ ....

10 Reformulez les phrases suivantes en remplaçant *hoje* (aujourd'hui) par *ontem* (hier).

Ex. Hoje, está no Jardim Botânico. → Ontem, esteve no Jardim Botânico.

a. Hoje, fazemos as malas.

→ Ontem, ...

b. Hoje, vou à Praia da Rocha.

→ ....

c. Hoje, fazes 28 anos.

→ ....

d. Hoje, estou a trabalhar.

→ ....

11 L'un des verbes ci-dessous comporte une erreur, lequel ?

a. Vocês **estiveram** de férias no mês de julho?
Vous avez été en vacances au mois de juillet ?

b. Tu **fazeste** as malas? *Tu as fait les valises ?*

c. **Tivemos** uma estadia maravilhosa! *Nous avons passé un merveilleux séjour !*

d. As férias **foram** espetaculares! *Les vacances ont été géniales !*

CHAPITRE 17 : EXPRIMER DES ÉVÉNEMENTS PASSÉS AVEC LE PRÉTÉRIT

12 Devinez où placer les mots suivants pour compléter ces expressions liées au tourisme.

visita   estadias   turismo   malas   quarto   férias   beira-mar   alugar

a. estar de .... = *être en vacances*

b. fazer as .... = *faire les valises*

c. a .... guiada = *la visite guidée*

d. .... um carro = *louer une voiture*

e. a esplanada à .... = *la terrasse en bord de mer*

f. reservar um .... para duas noites = *réserver une chambre pour deux nuits*

g. .... de curta duração = *des séjours de courte durée*

h. o .... de massa = *le tourisme de masse*

13 Plusieurs formes verbales se sont mélangées : retrouvez celles qui compléteront les quatre phrases données.

falei   beberam   escrevi   tiveste   estiveram   comprou   foi
fizeste   fomos   teve   visitaste   informámos   tive   estivemos   tiveram
esteve   fiz   fez   foram   pedimos   assististe   fizeram

a. Nós .... aos Açores no ano passado.

b. Você .... boa viagem?

c. Eu .... férias espetaculares.

d. Vocês .... no hotel *Mar Azul*?

Os animais do jardim zoológico, *les animaux du jardin zoologique*

ave/pássaro	oiseau	macaco	singe
chita	guépard	papagaio	perroquet
crocodilo	crocodile	pinguim	pingouin
elefante	éléphant	réptil	reptile
girafa	girafe	rinoceronte	rhinocéros
golfinho	dauphin	tigre	tigre
leão	lion	urso	ours
lince-ibérico	lynx ibérique	zebra	zèbre

CHAPITRE 17 : EXPRIMER DES ÉVÉNEMENTS PASSÉS AVEC LE PRÉTÉRIT

14 Quels animaux se cachent derrière ces définitions ?

a. Grande réptil → _ _ _ _ _ O _ _ _ _ _

b. Rei da savana → _ E _ _ _

c. Ave tropical → P _ _ _ _ _ _ _ _

15 Reconstituez les phrases suivantes en remettant les mots dans l'ordre.

a. comeram / os / pássaros / insetos

→ ....

b. felinos / a / tigre / e / são / o / chita

→ ....

c. leão / medo / as / do / zebras / tiveram

→ ....

16 Complétez ces mots croisés et recomposez le nom de l'animal mystère avec les lettres qui apparaîtront dans les cases colorées.

Animal mystère
_ _ _ _ _ _ _ _

1. Singe
2. Éléphant
3. Ours
4. Zèbre
5. Pingouin
6. Guépard
7. Rhinocéros
8. Girafe
9. Tigre

CHAPITRE 17 : EXPRIMER DES ÉVÉNEMENTS PASSÉS AVEC LE PRÉTÉRIT

 Lisez le texte suivant et relevez les verbes conjugués au prétérit.

No Jardim Zoológico

O Jardim Zoológico de Lisboa é um dos melhores da Europa. Situa-se em Sete Rios e acolhe 800 000 visitantes por ano.

Ontem, a Filipa foi lá e precisou de 5 horas para visitar tudo! Ela descobriu mais de 2 000 animais: aves, macacos, leões, ursos, girafas, elefantes...

Gostou muito do espetáculo de golfinhos. As crianças todas adoraram e aplaudiram muito! Além disso, a Filipa teve medo dos répteis e ficou impressionada com a chita.

Aprendeu que o lince-ibérico é um animal ágil e silencioso que vive na Península Ibérica. Em 2015, a UICN (União Internacional para a Conservação da Natureza) anunciou que o lince-ibérico é o felino mais ameaçado do mundo. Devemos protegê-lo!

Verbes conjugués au prétérit

1. ....
2. ....
3. ....
4. ....
5. ....

6. ....
7. ....
8. ....
9. ....
10. ....

Banque de mots	
acolher	*accueillir*
além disso	*par ailleurs*
ameaçado	*menacé*
anunciar	*annoncer*
aplaudir	*applaudir*
felino	*félin*

CHAPITRE 17 : EXPRIMER DES ÉVÉNEMENTS PASSÉS AVEC LE PRÉTÉRIT

 Complétez l'interview de Filipa qui répond aux questions du journaliste à partir des informations du texte *No Jardim Zoológico* de l'exercice précédent.

A entrevista da Filipa *L'interview de Filipa*

Jornalista Olá, Filipa ! Onde foste ontem?

Filipa a. Ontem, eu ....

Jornalista Quantos animais descobriste?

Filipa b. ....

Jornalista A que espetáculo assististe?

Filipa c. ....

Jornalista Gostaste deste espetáculo?

Filipa d. ....

Jornalista De que animais tiveste medo?

Filipa e. ....

Jornalista O que aprendeste sobre o lince-ibérico?

Filipa f. ....
....
....

Jornalista Obrigada pelas tuas respostas, Filipa!

Filipa De nada, adeus!

Bravo, vous êtes venu à bout du chapitre 17 ! Il est maintenant temps de comptabiliser les icônes et de reporter le résultat en page 128 pour l'évaluation finale.

18
Faire une demande, un achat

Faire une demande polie

Pour faire une demande polie, on emploie un imparfait de l'indicatif à valeur de conditionnel :
Queria um café. *Je voudrais un café.*
Precisava de ajuda. *J'aurais besoin d'aide.*
Desculpe, **podia** trazer a conta? *Excusez-moi, pourriez-vous apporter l'addition ?*
Este vestido é bonito, mas **gostava de** experimentar o tamanho acima. *Cette robe est jolie, mais j'aimerais essayer la taille au-dessus.*

À noter :
- D'un point de vue morphologique, le verbe est conjugué à l'imparfait de l'indicatif, mais on le traduit par un conditionnel car il en a le sens et la valeur.
- Il existe un conditionnel à proprement parler (**quereria**, **poderia**…), mais son emploi est peu courant dans le cas d'une demande polie.

1 Complétez ces demandes en plaçant correctement les formules de politesse.

    queria   podia   precisava   preferia

a. .... dar-me os horários?

b. Não quero ir ao parque, ... ir à praia.

c. .... de ajuda.

d. .... um sumo de laranja.

2 Traduisez les phrases suivantes.

a. Podia ajudar-me?
→ ....

b. Queríamos dois bilhetes para o filme *La La Land*.
→ ....

c. Gostavas de experimentar este vestido?
→ ....

d. Eu queria falar com o senhor Oliveira.
→ ....

e. Podia trazer-me a conta?
→ ....

CHAPITRE 18 : FAIRE UNE DEMANDE, UN ACHAT

3) Dans quelle phrase ne trouvons-nous pas d'imparfait à valeur de conditionnel ?

a. Podia dizer-me onde fica a estação de Santa Apolónia?
b. Quando era criança, queria ser jornalista.
c. Queria um café, por favor.

4) Dans quels lieux se font ces achats et ces demandes ? Reliez les éléments correspondants.

1. Queria um chá verde e um pastel de nata. •
2. Podia trazer-me o tamanho 38? •
3. Queria reservar um quarto para duas noites. •
4. Podia dizer-me a que horas é a próxima visita guiada? •
5. Gostávamos de comprar este computador. •
6. Queria enviar este postal para França. •

• a. Loja de roupa
• b. Museu
• c. Correios
• d. Café
• e. Hotel
• f. Loja de informática

Prépositions et pronoms personnels

Après certaines prépositions, on emploie les pronoms personnels suivants :

prépositions ➔	**de, em, para, por, sem...**	*de, en, pour, pour/par, sans...*
pronoms personnels ➔	**mim**	*moi*
	ti	*toi*
	ele/ela	*lui/elle*
	si	*vous* (vouvoiement)
	nós	*nous*
	eles/elas	*eux/elles*
	vocês	*vous* (collectif)

Fez tudo **por mim**. *Il a tout fait pour moi.*
Penso **em ti**. *Je pense à toi.*
E **para si**? *Et pour vous ?*

CHAPITRE 18 : FAIRE UNE DEMANDE, UN ACHAT

5 Reliez les éléments afin de reconstituer des phrases cohérentes.

1. Porque é que foste...
2. Fiz tudo...
3. Penso muito...
4. Essas bebidas são...

a. ... em vocês.
b. ... por ti.
c. ... à festa sem ela?
d. ... para nós.

6 Complétez les phrases suivantes avec le pronom qui convient.

a. Esta bebida é para .... (eu)
b. Esta prenda é para .... (tu)
c. Estas flores são para .... (você)
d. Estes livros são para .... (ele + ela)

7 Dans les phrases ci-dessous, placez les pronoms qui conviennent.

a. Eles ajudaram a nossa família: fizeram tudo por ....
b. Estes chocolates são para ...., Senhor António.
c. Estou apaixonado por ...., queres casar comigo?
d. O Leonel e a Bárbara queriam ir à festa connosco, então não podemos ir sem ....
e. Meus amigos, acredito em ...., sei que vão conseguir!
f. Lembras-te de ....? Estávamos na mesma escola.

Para petiscar…, Pour grignoter/manger des tapas…

Les Portugais ont l'habitude de **petiscar** (grignoter, manger des tapas). Voici quelques mets qui composent ce moment de détente et de gourmandise !

azeitonas	olives	rissóis de camarão	beignets aux crevettes
chouriço	chorizo	tosta mista (com fiambre e queijo)	croque-monsieur (avec jambon et fromage)
pastéis de bacalhau	accras de morue		
pipocas	pop-corn	tremoços	lupins
presunto	jambon cru		

CHAPITRE 18 : FAIRE UNE DEMANDE, UN ACHAT

batido	milk-shake
granizado	granité
hortelã	menthe
limão	citron
manga	mangue

maracujá	fruit de la passion
papaia	papaye
encomendar	commander
escolher	choisir
pagar	payer

- - Já escolheram?
  - Sim, queríamos duas cervejas e dois rissóis de camarão.
  - Vous avez (déjà) choisi ?
  - Oui, nous voudrions deux bières et deux beignets aux crevettes.

- - Mais alguma coisa?
  - Não, é só. Queríamos pagar.
  - Autre chose ?
  - Non, c'est tout. Nous souhaiterions payer.

8 Les mots de cette phrase se sont collés : séparez-les et ajoutez la ponctuation pour qu'elle soit lisible.

queriaumgranizadodemangaumsumodemaracujáedoispastéisdebacalhauparacomer.

→ ....

9 Trouvez le nom des fruits qui se cachent derrière ces anagrammes.

a. IMÃOL → ....

b. CUMAAJÁR → ....

c. APIPAA → ....

10 Sélectionnez les mots qui correspondent aux images.

a. ☐ azeitonas
   ☐ tremoços

c. ☐ presunto
   ☐ chouriço

b. ☐ granizado
   ☐ batido

d. ☐ pipocas
   ☐ pastéis

CHAPITRE 18 : FAIRE UNE DEMANDE, UN ACHAT

11. Placez les mots suivants au bon endroit.

pagar   rissóis   encomendar   hortelã   escolheram

a. Queria .... uma piza.

b. Já .... ?

c. Queria um granizado de limão e ....

d. Queria .... já, pode trazer a conta?

e. São .... de camarão?

12. Flávio et Daniel passent commande au café : reconstituez le dialogue qu'ils ont avec le serveur en remettant les phrases dans l'ordre.

○ a.	Empregado	E querem mais alguma coisa para petiscar?
○ b.	Flávio	Um batido de manga, para mim.
○ c.	Empregado	Boa tarde, o que vão desejar os senhores?
○ d.	Empregado	E para si?
○ e.	Empregado	Claro, trago já.
○ f.	Daniel	Boa tarde, queria uma cerveja bem fresca.
○ g.	Daniel e Flávio	Queremos, sim! Podia trazer tremoços e duas tostas mistas?

13. Indiquez si ces affirmations sur le dialogue de l'exercice précédent sont vraies ou fausses.

	VRAI	FAUX
a. Daniel commande une bière bien fraîche.	☐	☐
b. Flávio demande un jus de mangue.	☐	☐
c. Les clients souhaitent deux sandwichs au fromage et des olives.	☐	☐
d. Le serveur dit qu'il apporte la commande tout de suite.	☐	☐

CHAPITRE 18 : FAIRE UNE DEMANDE, UN ACHAT

Donner un conseil avec le verbe *aconselhar*

Le verbe *conseiller* se dit **aconselhar** :
- **O que me aconselha?** *Que me conseillez-vous ?*
- **Aconselho-lhe o prato do dia.** *Je vous conseille le plat du jour.*

14 Reliez les éléments pour former des dialogues cohérents.

1. - A senhora já escolheu?
2. - Gosto de poesia.
3. - O que me aconselha?
4. - O que te aconselhou o médico?

a. - Aconselho-lhe o prato do dia!
b. - Ainda não. O que me aconselha?
c. - Descansar muito!
d. - Então, aconselho-te a obra de Fernando Pessoa.

Les pronoms COI *lhe* et *lhes*

Lhe et **lhes** sont des pronoms compléments d'objet indirect.

- **Lhe** renvoit à la 3e personne du singulier (**ele**, **ela** ou **você**).
  Selon la personne à laquelle il se rapporte, on le traduira par *lui* ou *vous* :
  Telefonaste ao Samuel? — Não, ainda não lhe telefonei.
  Tu as téléphoné à Samuel ? — Non, je ne lui ai pas encore téléphoné.
  Senhor Martins, digo-lhe a verdade!
  Monsieur Martins, je vous dis la vérité !

- **Lhes** renvoit à la 3e personne du pluriel (**eles**, **elas** ou **vocês**).
  Selon le cas, on le traduira donc par *leur* ou *vous* :
  Os meus alunos precisam de treinar, então dou-lhes mais exercícios.
  Mes élèves doivent s'entraîner alors je leur donne plus d'exercices.
  Enviei-lhes um email, vocês não receberam nada?
  Je vous ai envoyé un e-mail, vous n'avez rien reçu ?

15 Complétez les traductions suivantes en ajoutant le pronom COI qui correspond *(lui, leur, vous).*

a. O Francisco enviou-me um postal, respondi-**lhe** por email.

   Francisco m'a envoyé une carte postale, je .... ai répondu par e-mail.

b. Ofereci-**lhes** uma máquina fotográfica porque eles vão a São Tomé.

   Je .... ai offert un appareil photo car ils vont à São Tomé.

c. Professora, posso emprestar-**lhe** este livro?

   Madame (la professeure), je peux .... emprunter ce livre ?

d. Sim senhores, enviei-**lhes** a encomenda ontem.

   Oui messieurs, je .... ai envoyé la commande hier.

CHAPITRE 18 : FAIRE UNE DEMANDE, UN ACHAT

16 Remettez les mots dans l'ordre afin de reconstituer les phrases.

a. lhe / a / digo / verdade
→ ....

b. encomenda / lhe / não / enviei / a
→ ....

c. enviou / um / Tomé / de / postal / São / lhes
→ ....

d. lhes / não / escrevi / ainda
→ ....

e. prato / o / lhe / dia / aconselho / do
→ ....

17 Remplacez les mots soulignés par le pronom COI qui convient (*lhe* ou *lhes*).

Ex. Telefonei à <u>minha mãe</u>. → Telefonei-**lhe**.

a. Oferecemos uma prenda <u>à professora</u>.
→ ....

b. Comprei um livro <u>ao Fradique</u>.
→ ....

c. Enviaram um postal <u>aos amigos</u>.
→ ....

d. Ele telefonou <u>à Gabriela</u>.
→ ....

e. Respondi <u>aos professores</u> por email.
→ ....

f. Não escreveu <u>à Cristina</u>.
→ ....

Bravo, vous êtes venu à bout du chapitre 18 ! Il est maintenant temps de comptabiliser les icônes et de reporter le résultat en page 128 pour l'évaluation finale.

SOLUTIONS

1. Alphabet, accentuation et signes

❶ j : [jòtä] ; u : [ou] ; g : [gué] ; x : [chich] ; h : [äga] ; q : [ké]

❷ a. táxi *(taxi)* **b.** quinze *(quinze)* **c.** julho *(juillet)* **d.** viagem *(voyage)* **e.** playback **f.** web

❸ a. [pé] [ò] [èRe] [té] [ou] [gué] [a] [èle] **b.** [zé] [è] [bé] [èRe] [a] **c.** [äga] [ò] [jòtä] [è] **d.** [èle] [è] [chich] [i] [cé] [ò] **e.** [cé] [a] [èRe] [èRe] [ò] **f.** [èfe] [èRe] [ou] [té] [a] **g.** [dé] [a] [èRe] [däbliou] [i] [ène] [i] [èsse] [ème] [ò]

❹ a. plus **b.** moins

❺ a. Ma.**ri**.a **b.** a.le.**gri**.as **c.** Mo.çam.**bi**.que **d.** re.por.**ta**.gem **e.** a.**zul** **f.** jar.**dim** **g.** a.ma.**nhã** **h.** lu.**só**.fo.no

❻ a. ma•**gi**•a **b.** tal•**vez** **c.** ja•va•**li** **d.** por•tu•**guês** **e.** te•le•vi•**são** **f.** vi•a•gens **g.** fa•**lar**

❼

antépénultième syllabe	avant-dernière syllabe	dernière syllabe
família	inteligente	bambu
último	casas	sofá
	carro	Portugal
	viagem	irmã

❽ fa**lam** ; agra**dá**vel

❾ a. vrai **b.** vrai **c.** faux (acento circunflexo no /e/) **d.** faux (acento agudo no /a/) **e.** faux (til no /a/) **f.** vrai **g.** faux (acento agudo no /u/)

❿ a. til **b.** acento agudo **c.** hífen **d.** cê-cedilha **e.** acento circunflexo **f.** acento grave

⓫ a. [käf**è**] (l'accent aigu indique que le e est ouvert) **b.** [ä**vo**] (l'accent circonflexe indique que le o est fermé)

⓬ b. família **c.** irmã **d.** informação **e.** francês **g.** lusófonos **j.** agradável **k.** último

⓭ a. äga té té pé dois pontos barra barra èfe èRe ponto *assimil* ponto *com* **b.** *lisa* ponto vé pé arroba *assimil* ponto pé té **c.** däbliou däbliou däbliou ponto *exercícios* traço *português* **underscore** *assimil* ponto èfe èRe / däbliou däbliou däbliou ponto *exercícios* traço *português* **traço inferior** *assimil* ponto èfe èRe

2. Prononciation

❶ a. [ä] **b.** [a] **c.** [a] **d.** [ä] **e.** [ä] **f.** [a] **g.** [ä]

❷ a. [è] **b.** [i] **c.** [é] **d.** [è] **e.** [é] **f.** [i] **g.** [e] **h.** [è] **i.** [é]

❸ a. [o] **b.** [ou] **c.** [ou] **d.** [ò] **e.** [o] **f.** [ò] **g.** [ou]

❹ a. cidade [si**da**de] **d.** livro [**li**vrou] **e.** agradável [ägrä**da**vèL]

❺ a. [a] ouvert **b.** [o] fermé **c.** [è] ouvert **d.** [ä] fermé **e.** [o] fermé **f.** [é] fermé **g.** [ò] ouvert

❻ 1.C ; **2.**B ; **3.**A ; **4.**B ; **5.**B ; **6.**A ; **7.**C ; **8.**B ; **9.**A ; **10.**C ; **11.**B

❼ a. [r] **b.** [R] **c.** [R] **d.** [r] **e.** [R]

❽ a. [z] **b.** [ch] **c.** [z] **d.** [ch] **e.** [s] **f.** [z]

❾ a. português **b.** luxo **c.** garrafa *(bouteille)* **d.** Brasil *(Brésil)* **e.** Espanha *(Espagne)*

❿ x se pronunce [kss] : léxico/táxi ; **x** se pronunce [ch] : luxo/caixa ; **x** se pronunce [ss] : próximo/máximo ; **x** se pronunce [z] : exato/exercício

⓫ a. [aou] **b.** [èou] **c.** [ay] **d.** [ouy] **e.** [éou] **f.** [iou] **g.** [oy] **h.** [o] **i.** [ay] **j.** [èy]

⓬ a. mais **b.** loiro **c.** saia **d.** pouco **e.** azuis

⓭ a. [in]: anjo/alemã **b.** [aĩ]: mãe/também **c.** [ãou]: televisão/não **d.** [iⁿ]: cinco/jardim **e.** [ouⁿ] : mundo/álbum

⓮ 1.d ; **2.**a ; **3.**c ; **4.**e ; **5.**b ; **6.**f

⓯ a. informações **b.** anjo **c.** cão **d.** jardim **e.** viagem

⓰ a. amanhã **b.** jardim **c.** tempo **d.** contente **e.** mundo **f.** samba

⓱ a. O<u>s a</u>nimais são inteligentes. **b.** Ma<u>s é</u> incrível! **c.** As folhas são verde<u>s e</u> amarelas.

3. Former ses premières phrases

❶ a. as **b.** o **c.** os **d.** o **e.** a **f.** o **g.** a **h.** o **i.** a **j.** os **k.** as **l.** a

❷ a. uma **b.** um **c.** um **d.** ø **e.** uma **f.** ø **g.** ø **h.** um **i.** uma **j.** um **k.** ø **l.** ø

❸ a. ela **b.** nós **c.** eles **d.** elas **e.** ele **f.** vocês

❹ a. Tu **b.** Elas **c.** Eu **d.** Nós **e.** Ele **f.** Vocês

❺ a. mor**am** **b.** estud**as** **c.** trabalh**amos** **d.** compr**am** **e.** interess**o** **f.** fal**a**

❻ a. erreur (sou) **b.** correct **c.** erreur (é) **d.** erreur (são) **e.** correct

❼ a. A Sara é simpática. **b.** Nós moramos em Brasília. **c.** Elas não falam inglês. **d.** Tu és francesa? **e.** A capital de Portugal é Lisboa. **f.** Você fala espanhol? **g.** Sim, falo português. **h.** Não, eles não são italianos.

❽ a. Não falo inglês. **b.** Não moramos no Rio de Janeiro. **c.** Elas não são italianas.

❾ a. do **b.** de **c.** da **d.** das ; dos

❿ a. na **b.** em ; nos **c.** no **d.** em **e.** nas

4. Se présenter et présenter quelqu'un

❶ Par exemple : Chamo-me Lisa. Tenho 33 anos. Moro em Paris. Sou portuguesa e francesa. / Chamo-me Benjamin. Tenho 32 anos. Moro em Paris. Sou francês.

❷ a. têm **b.** tens **c.** tem **d.** temos

❸ Como te chamas? Chamo-me Louise. Quantos anos tens? Tenho 27 anos. Onde moras? Moro em Paris. Qual é tua nacionalidade? Sou francesa. Falas português? Falo um pouco de português. Qual é a tua profissão? Sou fotógrafa.

❹ a. Como é que te chamas? **b.** Onde é que mora? **c.** O que é que estudas? **d.** Quantos anos é que têm?

❺ a. De onde és/é? **b.** Como é que se chama? **c.** Vocês falam português? **d.** Quem é ela?

❻ a. Tu chamas-**te** Sara? **b.** Onde **se** situa a Universidade? **c.** É uma história que **se** passa em Sintra. **d.** Eu interesso-**me** por línguas estrangeiras. **e.** Nós não **nos** levantamos às 8 horas. **f.** Eles também **se** levantam cedo.

SOLUTIONS

7 Olá ! Eu **chamo-me** Paulo e sou angolano. A minha namorada **chama-se** Francesca. É italiana mas **fala** muito bem português. Nós **temos** 24 anos, **moramos** em Coimbra e **somos** estudantes de psicologia.

Salut! Je m'appelle Paulo et je suis angolais. Ma petite amie s'appelle Francesca. Elle est italienne, mais elle parle très bien portugais. Nous avons 24 ans, nous habitons à Coimbra et nous sommes étudiants en psychologie.

8
Laura	Salut ! Comment t'appelles-tu ?
Hugo	Je m'appelle Hugo Pereira.
Laura	D'où es-tu Hugo ?
Hugo	Je suis de Faro, et toi ?
Laura	Je suis de São Paulo, mais j'habite à Lisbonne. Et toi ? Où habites-tu ?
Hugo	J'habite à Almada, au 1, rue du Château.
Laura	Où travailles-tu ?
Hugo	Je travaille à l'hôpital, je suis infirmier.
Laura	Ah! Je suis aussi infirmière.

9 a. O Hugo **é** português. **b.** A Laura **não é** portuguesa. **c.** O Hugo **não mora** em Faro. **d.** A Laura **mora** em Lisboa. **e.** O Hugo e a Laura **são** enfermeiros.

5. Les accords en genre et en nombre

1
masculin	féminin
o	a
ão	ã
or	ora
ês	esa
eu	eia

2 a. belga **b.** brasileira **c.** espanhola **d.** europeia **e.** guineense **f.** portuguesa
3 a. alemã **b.** francesa **c.** melhor **d.** útil **e.** calma **f.** professora **g.** contente
4 a. escritor **b.** pintora **c.** fotógrafo **d.** estilista **e.** cantora **f.** jogador de futebol/futebolista **g.** pianista
5 a. A professora é uma jovem alemã. **b.** A estudante é séria e amável. **c.** A nova colega é eficaz e trabalhadora. **d.** A irmã da Mariana é uma boa enfermeira.

6
M	A	M	L	B	N	P	A	D	E	I	R	O	Ó	F	C	H	S
É	P	H	A	R	Õ	X	T	Á	A	P	J	N	C	L	E	S	M
R	M	A	O	S	V	B	R	E	D	A	L	H	E	B	L	Ú	A
A	I	I	J	M	Ç	A	I	N	G	L	E	S	A	T	B	E	M
P	L	Á	Q	J	E	R	Z	S	O	R	B	L	X	A	Q	Z	E
A	U	T	B	F	V	M	Ê	P	O	L	Í	C	I	A	U	X	Ã
Z	O	T	Í	V	U	P	T	G	I	M	G	E	R	V	X	D	O

a. padeiro, padeira **b.** atriz, ator **c.** inglesa, inglês **d.** homem, mulher **e.** rapaz, rapariga **f.** polícia
7 1.B ; 2.B ; 3.A ; 4.B ; 5.B ; 6.A ; 7.B ; 8.A ; 9.A
8 a. mulheres **b.** boas **c.** homens **d.** eficazes **e.** reis **f.** comerciantes **g.** atuns
9 a. viagem **b.** cidade **c.** lápis **d.** japonês **e.** trabalhadora **f.** atriz **g.** médico

10
singulier d'un mot terminé par :	pluriel en :
al	ais
ul	uis
ol	óis
el (mot qui a déjà un accent graphique)	eis
el (mot sans accent graphique)	éis
il (mot sans accent graphique)	is
il (mot qui porte un accent graphique)	eis

11 b. hot**éis c.** fi**éis f.** an**éis**
12 a. papéis **b.** animais **c.** espanhóis **d.** amáveis **e.** difíceis **f.** hospitais **g.** azuis **h.** faróis **i.** perfis
13 a. televisões **b.** irmãos **c.** profissões **d.** regiões **e.** cães
14 a. pão **b.** razão **c.** mão **d.** impressão **e.** canção
15 a. Nós somos portugueses. **b.** Eles têm bagagens. **c.** Os aviões são estáveis. **d.** Vocês são espanhóis? **e.** Elas são amigas fiéis. **f.** Nós temos informações importantes. **g.** Eles são cidadãos alemães. **h.** As capitais europeias são bonitas. **i.** Os faróis são azuis.

6. Se saluer et exprimer un état, une humeur

1 1.c ; 2.a ; 3.b ; 4.b ; 5.c
2 a. Como é que vocês estão? **b.** Eu não estou bem. **c.** Ela está boa. **d.** Estou contente. **e.** Elas são italianas. **f.** Chamo-me Ana e estou boa, obrigada.

3
C	N	A	T	U	I	M	A	G	X	S	O
A	B	O	R	R	E	C	I	D	O	E	S
L	T	B	E	N	I	C	N	V	Ã	O	U
M	S	A	C	A	N	S	A	D	O	M	J
O	C	O	N	C	E	N	T	R	A	D	O
L	I	S	A	U	D	Á	V	E	L	Q	R

4 a. descansado **b.** contente/feliz **c.** doente **d.** limpo **e.** satisfeito **f.** distraído **g.** nervoso
5 a. Nós estamos zangados. **b.** Eu estou apaixonado/apaixonada. **c.** Elas estão doentes. **d.** Tu estás triste. **e.** As enfermeiras estão cansadas. **f.** Os gelados estão frios.
6 a. Estás com fome? **b.** Estamos com sede. **c.** A Rafaela está com frio. **d.** Os estudantes estão com trabalho. **e.** Estou com calor.
7 a. estou **b.** és **c.** está **d.** estamos **e.** são
8 a. Eu sinto-me nervosa. **b.** Tu sentes-te bem? **c.** Você não se sente aborrecido? **d.** Nós sentimo-nos satisfeitas. **e.** Os bombeiros sentem-se cansados. **f.** Eu não me sinto concentrado.

SOLUTIONS

7. Indiquer la possession, décrire et comparer

1 a. Tu b. Vocês c. Ela d. Eu e. Você

2 a. Os teus irmãos. b. As vossas primas/As suas primas. c. A minha mãe. d. A avó dela/A sua avó. e. A sua sogra. f. Os nossos filhos. g. A tua cunhada. h. Os sobrinhos deles/Os seus sobrinhos.

3 a. Os netos dela são mecânicos. b. A irmã dele chama-se Vera. c. Os primos delas são estudantes.

4 a. A sua filha. b. Os nossos pais. c. A minha neta. d. Os primos dele/Os seus primos. e. Os vossos irmãos/Os seus irmãos.

5

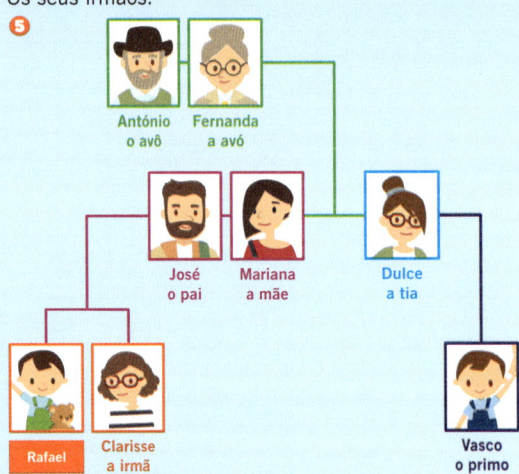

6 1.d ; 2.e ; 3.c ; 4.a ; 5.b

7 a. São tuas. b. É meu. c. É seu. d. São nossas.

8 a. cor-de-rosa b. verde c. cinzento

9 a. A bola é preta e branca. b. As flores são amarelas e cor-de-rosa. c. O céu é azul. d. O carro é vermelho.

10 a. Beatriz b. Miguel c. Júlio

11 a. humilde b. feios c. trabalhadora d. falador e. velhos f. baixo g. sociáveis

12 Tintim: É um **jovem** repórter. Tem o **cabelo** ruivo e **curto**. Tem um cão **branco** que se chama Milu. É **otimista** e **trabalhador**.
O pai natal: É um velho senhor. Tem a barba e o cabelo brancos. É generoso. Usa roupa vermelha.

13 a. O cão é menos selvagem (do) que o gato. b. A Nídia é tão organizada como o Rúben. c. Os bolos são melhores (do) que os biscoitos.

14 a. O livro é **mais** interessante do que o filme. b. Dançar é tão divertido **como** cantar. c. O tempo está **pior** do que ontem. d. A casa da Mariana é **maior** do que a minha.

8. Localiser et dire ce que l'on est en train de faire

1 a. fora de b. perto c. à direita

2 1.c ; 2.b ; 3.d ; 4.a ; 5.e

3 a. dentro b. debaixo c. ao lado/ao pé da caixa. d. O gato está atrás da caixa. e. O gato está em cima da caixa.

4 a. **Estou** na escola. b. Fica ao lado **dos** correios. c. O gatinho **está** em cima da mesa. d. Está em frente **da** padaria.

5 a. Ceci est une bouteille. b. Ces gâteaux(-là) sont bons. c. Cette maison est à nous.

6 a. Estes livros são meus. b. O que é isso? c. Aquelas casas são bonitas. d. Esta garrafa está fria.

7 a. Aquela b. estas c. Esses

8 a. aí b. aqui c. ali

9 1.d ; 2.a ; 3.e ; 4.c ; 5.b

10 a. Elas estão a dançar. b. Ele está a jogar futebol. c. Ela está a tocar piano.

11 a. Estou a falar com os meus pais. b. As crianças estão a brincar. c. Estás a desenhar um gato? d. Estamos a andar de bicicleta. e. Está a praticar desporto.

12 a. tocar b. brincar c. jogar

13 ser : b., c., e. estar : a., d., f., g., h., i.

14 a. estamos b. é c. São d. estou e. está f. estás

15 ser : a., b., h., i. estar : c., d., e., f., g.

16 a. estamos b. são c. é d. estou e. somos f. está g. estão

9. Les nombres et la date

1 a. 2017 b. 142 c. 1974 d. 100 000

2 a. Duas mulheres. b. Dois homens. c. Uma mulher. d. Trezentas famílias.

3 a. Noventa e sete mais três é igual a cem. b. Vinte e cinco menos seis é igual a dezanove. c. Doze vezes três é igual a trinta e seis. d. Quinhentos a dividir por dois é igual a duzentos e cinquenta.

4 a. quinto b. sexto c. nona d. sétima e. décimo terceiro

5 1.º: primeiro 4.º: quarto 8.º: oitavo 2.º: segundo

6 1.a ; 2.c ; 3.d ; 4.b

7 a. agosto b. dezembro c. fevereiro d. junho e. janeiro

8 a. 1 de janeiro de 1502 b. Terça-feira, 5 de outubro de 1910 c. Hoje é quarta-feira, 30 de setembro de 1998.

9 a. Sexta-feira, 11 de novembro de 1983 b. 25 de abril de 1974 c. Sábado, 13 de maio de 2017 d. Hoje é domingo, 10 de julho de 2016.

10. Le présent de l'indicatif

1 a. abro = *j'ouvre* b. conheces = *tu connais* c. ele vive = *il vit* d. descansamos = *nous nous reposons* e. vocês correm = *vous courez* f. dividimos = *nous divisons* g. adquirem = *elles acquièrent*

2 a. ESCREVER b. PERGUNTAR c. VIVER d. CONTAR

3 a. comprar b. abrir c. chegar

4 a. convers**amos** b. assist**em** c. bebo d. escrev**emos** e. vives

5 a. ficam b. abres c. partimos d. vive e. aprendo

6 a. dar b. ir c. pôr d. chegar/vir

7 a. dou b. vou c. põe d. são e. veem/vejo f. vêm

SOLUTIONS

8 a. vão b. ponho c. leem d. vê
9 a. Vejo. b. Venho. c. Leio. d. Vamos.
10 a. dizer b. podemos c. faço d. sabem
11 a. faz = *elle fait* b. digo = *je dis* c. trazem = *ils apportent* d. sei = *je sais* e. pedimos = *nous demandons*
12 a. posso b. faço c. trago d. pode e. queremos
13 a. traz ; trago b. sabemos ; faz c. quer ; quero d. digo ; diz e. podes ; sei f. peço ; posso

11. Vouvoyer et donner des indications

1 a. Vocês b. Você c. Vocês d. Você e. A senhora f. Os senhores g. O senhor h. As senhoras
2 a. A senhora dá aulas de português? b. Vocês estão cansados? c. Sabe onde fica o cinema? d. Os senhores vão à farmácia?
3 a. As senhoras podem ajudar-me? b. Você pratica desporto? c. Vocês vivem em Londres? d. A senhora tem filhos? e. O senhor é americano?
4 a. à b. para c. para o d. ao
5 a. para b. a c. para d. para e. ao
6 a. aos b. à c. ao d. às e. a f. à g. a
7 a. vou à padaria. b. vais à escola. c. vai ao cinema. d. vamos ao supermercado. e. vão ao restaurante. f. vão à farmácia.
8 a. apanho b. apanha c. apanhamos d. vou de e. vai de f. vamos de
9 a. ao/de b. à/de c. aos/a d. ao/de e. a/de f. às/de
10 a. de b. na c. no d. de e. no f. no
11 a. no b. de c. na d. no
12 a. carro b. mota c. barco d. metro e. autocarro f. elétrico h. a pé i. avião j. bicicleta k. comboio
13 a. A senhora **tem de** apanhar o elétrico. b. **Tens de** mudar de linha. c. Não **temos de** seguir pela avenida. d. **Tenho de** fazer os exercícios. e. Os senhores **têm de** sair do metro.
14 a. tem de virar b. tem de seguir c. têm de praticar d. têm de apanhar e. tenho de tomar f. temos de ler
15 1.a et b ; 2.a et b ; 3.a ; 4.a ; 5.b
16 a. É necessário sair do metro. b. É preciso virar à esquerda. c. Nós temos de apanhar o autocarro./Nós devemos ir de autocarro.
17 a. fazer ; tem/mudar/vermelha/ao b. visitar/fica ; estação/linha c. para a/ajudar-me ; senhor/apanhar/até /preciso/azul

12. Exprimer un horaire et parler de son quotidien

1 a. 08:40 b. 13:15 c. 17:00 d. 12:30
2 a. É uma hora. b. São três menos **um** quarto. c. São duas horas. d. São oito e **meia**. e. São seis menos cinco (minutos).
3 a. São oito da noite. b. São dez e meia. c. É meia-noite. d. Que horas são? e. São sete (horas) em ponto.
4 a. às b. à c. ao d. às

5 a. pela b. pelas c. pelo d. pelas
6 a. Ela almoça por volta do meio-dia. b. Levanto-me às sete e meia. c. Chegam dentro de uma hora. d. O comboio chega pelas cinco. e. Tenho um encontro daqui a dez minutos.
7 a. Chego daqui a duas horas. b. Ela almoça pelo meio-dia./Ela almoça por volta do meio-dia. c. O comboio parte dentro de vinte minutos. d. Encontramo-nos às oito (horas).
8 a. acordar b. deitar-se c. cedo d. vestir-se
9 1.b ; 2.b ; 3.a
10 a. se b. me c. nos d. te e.se
11 a. Quando (é que) te lavas?/Quando (é que) se lava? b. A que horas (é que) vocês) se deitam?
12 a. A Lola levanta-se às 7:15. b. A Lola veste-se às 7:30. c. A Lola toma o pequeno-almoço às 7:45. e. A Lola joga/pratica futebol às 17:00.
13 a. visto-me b. veste c. durmo d. dormimos e. calçam
14 a. sapatos b. vestido c. visto d. calço e. fato ; camisa
15

		1	C	A	M	I	S	O	L	A
						A				S
	6					I				A
4	G	R	A	V	A	T	A			C
	O									O
5	S	A	P	A	T	I	L	H	A	S
	A									

(2 across column "AI", 3 down = CASACO)

16 a. Ao b. à c. Às d. aos
17 a. À segunda-feira à tarde, (elas) vão ao ginásio. b. À quarta-feira de manhã, (eu) tenho aulas de português. c. Aos domingos, (ele) acorda às 11 horas. d. Na sexta-feira às 20 horas, (nós) jantamos com amigos. e. No sábado à noite (eu) vou à discoteca. f. No domingo à tarde, vai a um casamento.
18 c. ; d. ; a. ; b.
19 a. raramente b. diariamente c. muitas vezes d. quase nunca e. de vez em quando f. todos os domingos
20 a. Todas as quartas-feiras vou ao ginásio. b. Todas as semanas temos aulas de português. c. O metro passa de dois em dois minutos.
21 a. todos os b. todas as c. Todos os
22 a. **Costumo** almoçar tarde. b. **Costumas** sair cedo do trabalho? c. Você **costuma** cantar? d. **Costumamos** passear. e. Elas **costumam** ir à piscina.
23 a. faux b. vrai c. faux d. faux e. vrai

SOLUTIONS

13. Exprimer des goûts et des opinions

❶ **a.** arroz **b.** cenoura **c.** cerveja
❷ **a.** a sobremesa **b.** a banana **c.** o chá **d.** o tomate
❸ **a.** o **b.** a **c.** o **d.** o **e.** a **f.** a **g.** o
❹

A	N	A	N	Á	S			
G	E	L	A	D	O			
P	E	I	X	E				
			M	A	N	T	E	I	G	A
			P	E	R	A		
L	A	R	A	N	J	A		
C	H	O	C	O	L	A	T	E
Q	U	E	I	J	O			

❺ **1.**d ; **2.**a ; **3.**c ; **4.**b
❻ **1.**d ; **2.**a ; **3.**b ; **4.**e ; **5.**c
❼ **b.** Eu adoro morangos. **c.** As crianças gostam de chocolate. **d.** Tu não gostas de queijo. **e.** Nós detestamos batatas fritas./Nós odiamos batatas fritas. **f.** A Catarina gosta de legumes. **g.** Eu prefiro arroz.
❽ **a.** Bien sûr, tu as raison ! **b.** Quel est ton avis/opinion ? **c.** Je crois que oui. **d.** Nous supposons qu'il est d'accord. **e.** Elles pensent que c'est vrai.
❾ **a.** está **b.** suponho **c.** achamos **d.** creio
❿ **1.**b ; **2.**e ; **3.**a ; **4.**d ; **5.**f ; **6.**c
⓫ **a.** Queres vir comigo? **b.** Prefiro ir com eles. **c.** Concordo contigo. / Estou de acordo contigo. **d.** Eles querem trabalhar connosco?

14. Le présent du subjonctif

❶

	comprar	comer	abrir
eu	compre	coma	abra
tu	compres	comas	abras
ele/ela/você	compre	coma	abra
nós	compremos	comamos	abramos
eles/elas/vocês	comprem	comam	abram

❷ **a.** cantar, **cantemos b.** partir, **partas c.** beber, **bebam d.** falar, **fale e.** assistir, **assistamos f.** viver, **viva**
❸ **a.** participa **b.** vou **c.** vendem
❹ **1.** ver/veja **2.** ter/tenhamos **3.** dormir/durmas **4.** poder/possam **5.** vestir/vistam **6.** pedir/peça **7.** ler/leia
❺

	fazer	poder	ter	vir
eu	faça	possa	tenha	venha
tu	faças	possas	tenhas	venhas
ele/ela/você	faça	possa	tenha	venha
nós	façamos	possamos	tenhamos	venhamos
eles/elas/vocês	façam	possam	tenham	venham

❻ **indicatif** : a., c., f., g., h. ; **subjonctif** : b., d., e., i., j.
❼ **a.** non (vá) **b.** oui **c.** non (estejam)
❽ **a.** estejamos/*nous soyons* **b.** esteja/*soit en train de dormir.* **c.** vá/*Je vais peut-être au cinéma.* **d.** sejam/*Nous espérons que les exercices ne soient pas difficiles.*
❾ **a.** Quero que **b.** Talvez **c.** para que
❿ **a.** desejar **b.** duvidar
⓫ **a.** crainte **b.** verbe d'opinion à la négative **c.** souhait **d.** doute **e.** souhait
⓬ **a.** seja **b.** eles estejam doentes. **c.** Não acredito que ela vá dançar o samba.
⓭ **a.** J'ai peur que les joueurs soient fatigués. **d.** J'espère qu'il va marquer un but !
⓮ **a.** co**zin**ha *(cuisine)* **b.** **en**trada *(entrée)* **c.** jar**dim** *(jardin)* **d.** ca**sa** de ba**nho** *(salle de bains)*
⓯ **a.** garagem **b.** sala de estar **c.** escritório **d.** quarto
⓰ **a.** tenha **b.** se encontra **c.** mudemos **d.** têm **e.** está **f.** sejam **g.** possa
⓱ Desejamos que a casa seja luminosa e que tenha dois quartos. *Nous souhaitons que la maison soit lumineuse et qu'elle ait deux chambres.*

15. L'impératif : donner des ordres et des conseils

❶ **1.**e ; **2.**a ; **3.**c ; **4.**b ; **5.**d
❷ **b.** Não beba álcool! **c.** Não fume! **d.** Não tire fotografias!
❸ **a.** Procedam ao pagamento. **b.** Insiram o cartão. **c.** Assinem o contrato. **d.** Abram uma conta corrente. **e.** Façam uma transferência bancária.
❹ Impératifs affirmatifs (+) : a., d., e. ; Impératifs négatifs (-) : b., c., f.
❺ **a.** Fais les exercices ! **b.** Ne fais pas ça ! **c.** Ne pars pas ! **d.** Viens avec nous ! **e.** Ferme la porte ! **f.** Ne sois pas impatient(e) !
❻ **a.** Sê **b.** Nada **c.** Bebe **d.** corras **e.** Tem **f.** fumes **g.** Põe **h.** Dorme
❼ **a.** Cala-te! **b.** Veste-te! **c.** Não te preocupes! **d.** Não te escondas!
❽ **a.** Não te sentes! **b.** Não te deites!
❾ **a.** Levanta os braços! **b.** Abre a boca! **c.** Não feches os olhos!
❿ **a.** olhos **b.** nariz **c.** braço **d.** mão **e.** boca
⓫ **a.** boca **b.** cabeça **c.** língua **d.** costas **e.** olhos/barriga
⓬ **a.** pescoço **b.** orelhas **c.** pés **d.** pernas

16. Décrire et parler d'habitudes au passé : l'imparfait et les adverbes

❶ **a.** morávamos **b.** andava/gostava **c.** existiam
❷ **a.** cantava **b.** bebias **c.** estava **d.** existia **e.** víamos **f.** estudávamos **g.** faziam **h.** iam
❸ vivia ; via ; preparavam ; íamos ; jogava
❹ **a.** Antigamente, eu era jornalista. **b.** Antigamente, os meus pais tinham um cão. **c.** Antigamente, ele punha a mesa. **d.** Antigamente, tu vinhas à festa.
❺ era ; passava ; chamavam ; era ; lembrava ; trazia ; servia ; era
❻ **1.**b ; **2.**e ; **3.**d ; **4.**a ; **5.**c (*À Noël, nous mettions les chaussons devant la cheminée*)

SOLUTIONS

7 Éramos ; Falávamos ; sabíamos ; amávamos

8 a. raramente b. atualmente c. frequentemente d. completamente e. felizmente

9 a. premièrement b. simplement c. confortablement d. particulièrement

10 a. antigamente b. finalmente c. rapidamente

11 b. ; e. ; d. ; a. ; c.

12 1.d ; 2.a ; 3.e ; 4.f ; 5.b ; 6.c

13 **présent** : a., d., f. ; **passé** : b., c., e.

14 a. No século passado b. Atualmente c. Hoje em dia d. Antigamente

17. Exprimer des événements passés avec le prétérit

1 1.b ; 2.a

2 a. utili**zaste** b. vend**emos** c. compreend**i** d. comp**rou** e. assisti**u** f. envi**aram**

3 1.b ; 2.b ; 3.a ; 4.b ; 5.a ; 6.a. et b. selon le registre de langue (soutenu ou courant)

4 a. ganhou ; ocorreu b. conseguiu c. gostaram ; aplaudiram

5 a. Ele morou em Tavira durante 3 anos. b. Nós vivemos em Moçambique. c. Tu já comeste neste restaurante? d. Eu parti com os meus amigos. e. Vocês chegaram ontem?

6 [o] : b., c., e., f. ; [ou] : a., d.

7 1.b ; 2.a ; 3.b

8 a. ir b. ser c. ir

9 a. Ontem, o João e a Rita foram à exposição. b. Ontem, eu e a Joana fomos à discoteca. c. Ontem, a Cátia foi ao concerto dos D.A.M.A. d. Ontem, tu foste ao parque.

10 a. Ontem, fizemos as malas. b. Ontem, fui à Praia da Rocha. c. Ontem, fizeste 28 anos. d. Ontem, estive a trabalhar.

11 Le verbe de la phrase b. comporte une erreur : la forme verbale correcte est *fizeste*.

12 a. férias b. malas c. visita d. alugar e. beira-mar f. quarto g. estadias h. turismo

13 a. fomos b. fez c. tive d. estiveram

14 a. crocodilo b. leão c. papagaio

15 a. Os pássaros comeram insetos. b. O tigre e a chita são felinos. c. As zebras tiveram medo do leão.

16 golfinho (*dauphin*)

```
        1
5 P I N G U I M
        A
      6 C H I T A
        C        4
        A        Z
7 R I N O C E R O N T E
        L        B
        E        R
    8 G I R A F A
        A
        N    3
        9 T I G R E
        E    S
             O
```

17 1. foi 2. precisou 3. descobriu 4. gostou 5. adoraram 6. aplaudiram 7. teve 8. ficou 9. aprendeu 10. anunciou

18 a. Ontem, eu fui ao Jardim Zoológico de Lisboa. b. Descobri mais de 2 000 animais. c. Assisti ao espetáculo de golfinhos. d. Sim, gostei muito deste espetáculo. e. Tive medo dos répteis. f. Aprendi que é um animal ágil e silencioso que vive na Península Ibérica. Também aprendi que é o felino mais ameaçado do mundo.

18. Faire une demande, un achat

1 a. Podia b. preferia c. Precisava d. Queria

2 a. Pourriez-vous m'aider ? b. Nous voudrions deux tickets pour le film *La La Land*. c. Tu aimerais essayer cette robe ? d. Je voudrais parler à Monsieur Oliveira. e. Pourriez-vous m'apporter l'addition ?

3 L'imparfait de la phrase b. n'a pas valeur de conditionnel : Quand **j'étais** enfant, je **voulais** être journaliste.

4 1.d ; 2.a ; 3.e ; 4.b ; 5.f ; 6.c

5 1.c ; 2.b ; 3.a ; 4.d

6 a. mim b. ti c. si d. eles

7 a. nós b. si c. ti d. eles e. vocês f. mim

8 Queria um granizado de manga, um sumo de maracujá e dois pastéis de bacalhau para comer.

9 a. limão b. maracujá c. papaia

10 a. azeitonas b. batido c. chouriço d. pipocas

11 a. encomendar ; b. escolheram ; c. hortelã ; d. pagar ; e. rissóis

12 c. ; f. ; d. ; b. ; a. ; g. ; e.

13 a. vrai b. faux c. faux d. vrai

14 1.b ; 2.d ; 3.a ; 4.c

15 a. lui b. leur c. vous d. vous

16 a. Digo-lhe a verdade. b. Não lhe enviei a encomenda. c. Enviou-lhes um postal de São Tomé. d. Ainda não lhes escrevi. e. Aconselho-lhe o prato do dia.

17 a. Oferecemos-lhe uma prenda. b. Comprei-lhe um livro. c. Enviaram-lhes um postal. d. Ele telefonou-lhe. e. Respondi-lhes por email. f. Não lhe escreveu.

TABLEAU D'AUTOÉVALUATION

Bravo, vous êtes venu à bout de ce cahier ! Il est temps à présent de faire le point sur vos compétences et de comptabiliser les icônes afin de procéder à l'évaluation finale. Reportez le sous-total de chaque chapitre dans les cases ci-dessous puis additionnez-les afin d'obtenir le nombre final d'icônes dans chaque couleur. Puis découvrez vos résultats !

	🙂	😐	🙁			🙂	😐	🙁
1. Alphabet, accentuation et signes	☐	☐	☐	11. Vouvoyer et donner des indications	☐	☐	☐
2. Prononciation	☐	☐	☐	12. Exprimer un horaire et parler de son quotidien	☐	☐	☐
3. Former ses premières phrases	☐	☐	☐	13. Exprimer des goûts et des opinions	☐	☐	☐
4. Se présenter et présenter quelqu'un	☐	☐	☐	14. Le présent du subjonctif	☐	☐	☐
5. Les accords en genre et en nombre	☐	☐	☐	15. L'impératif : donner des ordres et des conseils	☐	☐	☐
6. Se saluer et exprimer un état, une humeur	☐	☐	☐	16. Décrire et parler d'habitudes au passé : l'imparfait et les adverbes	☐	☐	☐
7. Indiquer la possession, décrire et comparer	☐	☐	☐	17. Exprimer des événements passés avec le prétérit	☐	☐	☐
8. Localiser et dire ce que l'on est en train de faire	☐	☐	☐	18. Faire une demande, un achat	☐	☐	☐
9. Les nombres et la date	☐	☐	☐				
10. Le présent de l'indicatif	☐	☐	☐				

Total, tous chapitres confondus ....

Vous avez obtenu une majorité de...

Excelente, parabéns! Excellent !
Vous maîtrisez maintenant les bases du portugais, vous êtes fin prêt pour passer au niveau 2 !

Nada mal… Pas mal…
mais vous pouvez encore progresser ! Refaites les exercices qui vous ont donné du fil à retordre en jetant un œil aux leçons !

Tente novamente! Recommencez !
Vous êtes un peu rouillé… Reprenez l'ensemble de l'ouvrage en relisant bien les leçons avant de refaire les exercices.

Crédits iconographiques : Shutterstock. ADE2013 : 48 ; Aleutie : 102 ; alya_haciyeva : 82, 84, 126 ; angkrit : 74b ; Aniwhite : 3 ; ankomando : 41b ; Artisticco : 118hg ; AVA Bitter : 110 ; avian : 54 ; AVS-Images : 71 ; Azazello : 67 ; barberry : 82, 126 ; benchart : 75gb ; Beresnev : 5h, 42hd, 92, 118 ; BlueRingMedia : 36, 98 ; BSVIT : 92 ; Creatarka : 4 ; Dacian G : 93 ; Delices : 42b, 67g, 82dh, 93g ; Donnay Style : 84 ; elenabsl : 64, 92 ; Evellean : 15b ; flower travelin' man : 35 ; Glinskaja Olga : 44m ; GoodVector : 105 ; graphic-line : 28hg, 101, 103m ; Gurza : 99 ; happymay : 71dh, 88 ; honglouwawa : 11 ; Huza : 103b ; iceink : 58b ; Iconic Bestiary : 65, 108 ; Igogosha : 92 ; Incomible : 10, 31 ; Inspiring : 82, 126 ; Irina Kostyuk : 93d ; Iriya : 88m ; jabkitticha : 34 ; Jane Kelly : 55 ; jesadaphorn : 21, 35d, 37, 59, 61, 85, 96, 116 ; Julia Tim : 50m, 79 ; Kakigori Studio : 111b ; Kanate : 42dm, 75d ; karawan : 46b, 47 ; KID_A : 68 ; kmlmtz66 : 95b ; Kseniia Voropaeva : 67 ; Lana_Samcorp : 4h ; Lilanakani : 112, 114 ; Lorelyn Medina : 51, 93, 106 ; Luisa Venturoli : 42mg ; Macrovector : 9h, 14, 26, 28hd, 49, 50, 52b, 57, 60, 63, 75, 83, 84, 85b, 103 ; manop : 1 ; manukandesign : 115 ; Margarita Levina : 111, 112b ; MarinaMay : 9b ; Marish : 25, 47hd, 78 ; martijn poons : 12 ; Max Griboedov : 43 ; Meilun : 67d ; melissa held : 15h ; mhatzapa : 39 ; Millena : 8 ; milo827 : 9m ; Minur : 107 ; miumi : 113 ; MSSA : 65b, 109b ; MuchMania : 67 ; mything : 82, 84, 126 ; Naty_Lee : 119 ; NotionPic : 28, 49hd, 52hg, 66b, 81 ; notkoo : 42 ; OLEG525 : 118 ; Olga1818 : 13, 16, 24, 40, 41, 44g, 45, 58, 80, 86, 89, 117, 120, 124 ; Orion-v : 116 ; Padma Sanjaya : 17 ; palasha : 32 ; phipatbig : 69 ; phloxii : 33 ; Pretty Vectors : 28mb, 109 ; Ramanouskaya : 82, 126 ; Rimma Z : 28bd, 50g ; robuart : 18, 53 ; Romashechka : 75mg ; Sentavio : 67 ; Shtonado : 78b ; skyclick : 77 ; SlyBrowney : 119, 120 ; Smart Design : 91 ; snegiri : 72 ; SonyaDehartDesign.com : 110b ; Spreadthesign : 94, 98 ; stockakia : 75 ; Stocklifemax : 62, 87 ; StockSmartStart : 44d ; Tatiana Gulyaeva : 67db ; TotemArt : 95 ; tynyuk : 22 ; Vector pro : 27, 46 ; Vetreno : 74 ; Victoria Sergeeva : 82, 126 ; Virinaflora : 5b, 29 ; Visual Generation : 30 ; Volha Shaukavets : 82, 84, 118, 126 ; whanwhan.ai : 6 ; What's My Name : 56 ; Yellowj : 73 ; Yuyula : 66, 67 ; Yuzach : 84 ; Zubada : 28gb.

Conception graphique : MediaSarbacane
Mise en pages : Élodie Bourgeois pour Lunedit
Réalisation : Lunedit
© 2018 Assimil

Dépôt légal : avril 2018
N° d'édition : 4319 - décembre 2023
ISBN : 978-2-7005-0986-1
www.assimil.com
Imprimé en Roumanie par Master Print